222 Keywords Marketing

T0193257

Springer Fachmedien Wiesbaden
(Hrsg.)

222 Keywords Marketing

Grundwissen für Manager

ISBN 978-3-658-03384-2

Die Deutsche Nationalbibliothek verzeichnet diese Publikation in der Deutschen National-
bibliografie; detaillierte bibliografische Daten sind im Internet über http://dnb.d-nb.de
abrufbar.

Springer Gabler
© Springer Fachmedien Wiesbaden 2013

Lektorat: Stefanie Brich, Claudia Hasenbalg

Gedruckt auf säurefreiem und chlorfrei gebleichtem Papier

Springer Gabler ist eine Marke von Springer DE. Springer DE ist Teil der Fachverlagsgruppe
Springer Science+Business Media
www.springer-gabler.de

Autorenverzeichnis

Professor Dr. Manfred Bruhn
Universität Basel, Basel
Themenbereiche: Internes Marketing, Sponsoring

Professor Dr. Christoph Burmann
Universität Bremen, Bremen
Themenbereich: Markenmanagement, Internationales Marketing

Professor Dr. Franz-Rudolf Esch
EBS Universität für Wirtschaft und Recht, Oestrich-Winkel
Themenbereich: Kommunikationspolitik

Professor Dr. Alexander Hennig
Duale Hochschule Baden-Württemberg, Mannheim
Themenbereich: Handelsbetriebslehre

Professor Dr. Manfred Kirchgeorg
HHL – Leipzig Graduate School of Management, Leipzig
Sachgebiet: Grundlagen des Marketings

Professor Dr. Daniel Markgraf
AKAD Hochschule, Leipzig
Themenbereiche: Produktpolitik, Internetmarketing

Professor Dr. Willy Schneider
Duale Hochschule Baden-Württemberg, Mannheim
Themenbereich: Handelsbetriebslehre

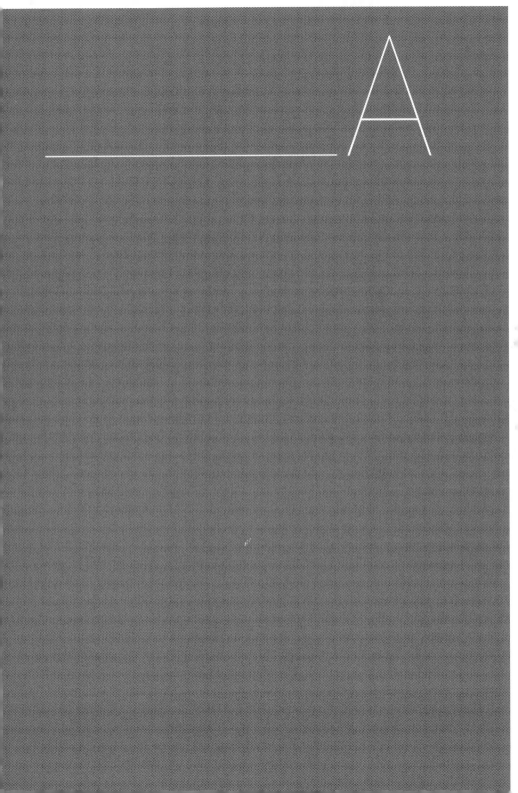

Abnehmer

Nachfrager am Markt. Die Abnehmer können hinsichtlich nachfragerelevanter Merkmale (z.B. Präferenzen, Kaufkraft, Größe, Region, Kaufverhalten) unterschieden werden, sodass die Marketingaktivitäten der Unternehmung segmentspezifisch auf Abnehmer ausgerichtet werden können.

Beispiele für Abnehmergruppen sind private Haushalte, privatwirtschaftliche Unternehmen, öffentliche Institutionen.

Absatz

Unterschiedlich verwendeter Begriff:

(1) Die *Menge* der in einer Zeiteinheit veräußerten Güter eines Unternehmens.

(2) Die Menge dieser Güter, multipliziert mit ihren Preisen. In diesem Fall ist der Begriff Absatz mit dem Begriff *Umsatz* identisch.

(3) Die *Schlussphase* des innerbetrieblichen Leistungserstellungsprozesses, der aus den betrieblichen Grundfunktionen Beschaffung, Produktion und Absatz besteht.

Absatzplan

1. *Begriff:* Ausgangspunkt betrieblicher Planung, mit dem meist alle anderen Planungen (Kapazitäts- und Investitionsplanung, Produktions- und Beschaffungsplanung, Finanzplanung) verknüpft sind. Der Absatzplan entsteht aus einer Aufstellung der erwarteten Waren- bzw. Dienstleistungsverkäufe. Der Absatzplan wird mengen- und wertmäßig geführt und ist je nach Bedarf nach Absatzperioden, Absatzräumen und Warengruppen unterteilt.

2. *Arten:*

a) *Langfristiger Absatzplan:* Maßgeblich für die Kapazitätsdimensionierung bei Betriebsgründung und -erweiterung, also Grundlage für den Investitionsplan. Da die Verwirklichung dieses Absatzplans durch

Marktschwankungen erheblich beeinträchtigt werden kann, sind seine Daten nur als Richtgrößen zu verwenden.

b) *Kurzfristiger Absatzplan:* Bestimmend für Umfang und zeitliche Verteilung der Produktion sowie für die kurzfristige Finanzplanung und Budgetierung.

Absatzplanung

1. *Begriff:* Beinhaltet Entscheidungen über in der Zukunft zu erzielende Absatzmengen und Umsätze auf den jeweiligen Märkten und Teilmärkten sowie mit den jeweiligen *Kundengruppen* der Unternehmung in den Planungszeiträumen.

2. *Merkmale:* Der Absatzplanung liegt der geplante Einsatz der marketingpolitischen Instrumente sowie die Einschätzung des Konkurrenz- und Kundenverhaltens zugrunde.

3. *Arten:*

a) *Strategische Absatzplanung:* Teil der strategischen Planung der strategischen Geschäftseinheiten; dient in Verbindung mit anderen Plänen, z.B. der Forschungs- und Entwicklungs-, Investitions-, Finanzierungs-, Personalentwicklungsplanung sowie der Planung der Ländermärkte und der Markteintrittsstrategien und der Konzeption einer strategischen Unternehmungsplanung.

b) *Operative Absatzplanung:* in detaillierter Form. Absatzplanung sollte stets auf den Daten der Erlösrechnung basieren, die u.a. Informationen über Erlösschmälerungen (z.B. Skonti, Boni) und Erlösverbundenheiten liefert.

Abschöpfungsstrategie

Strategie im Rahmen des Portfolio-Managements von Geschäftseinheiten. Eine Abschöpfungsstrategie wird für Geschäftseinheiten empfohlen, die auf einem Markt mit geringer Attraktivität tätig sind, auf dem die Unternehmung allerdings noch einen Gewinn erwirtschaftet. Die Geschäftseinheit wird somit als Cash Cow verwendet und finanziert durch ihren positiven Cashflow andere Geschäftseinheiten des Unternehmens, die sich in der Einführungs- bzw. Wachstumsphase befinden und auf finanzielle Mittel angewiesen sind. Bei zunehmend schlechter werdenden Marktbedingungen bzw. Verlust eines relativen Wettbewerbsvorteils empfiehlt sich unter Umständen eine Desinvestitionsstrategie. Die Abschöpfungsstrategie ist mit der Gefahr verbunden, dass aufgrund des hohen Preises und Stückgewinns die Konkurrenz angelockt wird.

Adopter

Potenzielle Kunden, die mit unterschiedlicher Innovationsfreudigkeit bzw. Risikobereitschaft neue Produkte in einer bestimmten Zeit annehmen (adoptieren) und damit ihre Verbreitung (Diffusion) im Markt fördern. Es bestehen unterschiedliche Adoptergruppen, die durch bestimmte Eigenschaften charakterisiert sind.

Adoptorkategorien

Einteilungsschema der Innovations- und Diffusionsforschung, das die verschieden schnelle Adoption einer Innovation durch verschiedene Individuen beschreibt.

Entsprechend den unterschiedlichen Diffusionsphasen (Diffusion) gibt es fünf Adoptorkategorien:

(1) Innovatoren,

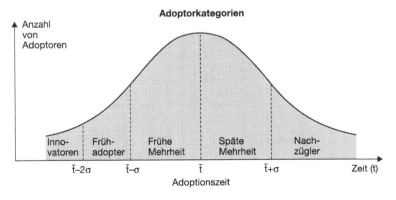

(2) frühe Adoptoren,

(3) frühe Mehrheit,

(4) späte Mehrheit und

(5) Zauderer.

Die Darstellung dieser Adoptorkategorien in einer Grafik, in der auf der x-Achse die Zeit und auf der y-Achse die Anzahl der Adoptoren abgetragen ist, ergibt im Idealfall eine Glockenkurve.

Affekt

Spontane, intensive Gefühlsäußerung der Akzeptanz oder Ablehnung, die im Gegensatz zu Emotionen eher kurzfristig ist und kognitiv wenig kontrolliert wird. Affekte sind nicht zielgerichtet, da intuitiv, aber handlungsorientiert. Als Beispiel für Affekthandlungen gelten Impulskäufe.

Akquisitorisches Potenzial

Gesamtheit der bei potenziellen Käufern präferenzschaffenden Tatbestände eines Unternehmens, bestehend aus der Qualität der angebotenen Waren, dem Ansehen des Unternehmens, seinem Kundendienst, seinen Lieferungs- und Zahlungsbedingungen und gegebenenfalls auch seinem Standort.

Altersprofil

Auf dem Modell des Lebenszyklus eines Produktes aufbauendes Verfahren zur Altersbestimmung eines Produktionsprogramms. Grafische Konstruktion von Produkt-, Alterspyramiden durch Gegenüberstellung der Umsatz- bzw. Gewinnbeiträge in Abhängigkeit von der Lebensdauer der einzelnen Produkte.

Augmented Reality

1. *Begriff:* Bezeichnet eine computerunterstützte Wahrnehmung bzw. Darstellung, welche die reale Welt um virtuelle Aspekte erweitert.

2. *Merkmale:* Mit der Integration von Kameras in immer mehr mobile Geräte können zusätzliche Informationen oder Objekte direkt in ein aktuell erfasstes Abbild der realen Welt eingearbeitet werden. Dabei kann es sich um Informationen jedweder Art (beispielsweise Textinformationen oder Abbildungen) handeln. Die Anwendungszwecke reichen von der Information über die unmittelbare Umgebung, über die ins Sichtfeld eingeblendete Navigation bis hin zu Spielen und Werbung.

Ausstrahlungseffekte

1. *Marketing:*

a) *Begriff:* Beeinflussung der Reaktion auf eine absatzpolitische Maßnahme durch Wirkungen anderer marketingpolitischer Instrumente auf das zu untersuchende Objekt.

b) *Arten:*

(1) *Zeitliche Ausstrahlungseffekte (Carryover-Effekt):* Zeitlich vorgelagerte Maßnahmen und Ereignisse können in der Untersuchungsperiode nachwirken, z.B. wirkt Werbung häufig auch noch, nachdem sie nicht mehr geschaltet wird.

(2) *Sachliche Ausstrahlungseffekte (Spillover-Effekt,* Inferenzprozesse*):* Simultane Maßnahmen und Ereignisse außerhalb einer experimentellen Anordnung können das Untersuchungsergebnis beeinflussen.

Beispiel Produktpolitik: Schluss von einem Merkmal eines Produktes auf ein anderes Merkmal.

(a) *Irradiation* (von einer Teilleistung wird auf einen Teil der Produktqualität geschlossen, z.B. Schaumbildung eines Spülmittels = Reinigungskraft);

(b) *Detaildominanz* (von einem Merkmal wird auf Gesamtleistung geschlossen, z.B. Preis = Qualität);

(c) *Halo-Effekt* (Schluss vom Gesamtmerkmal auf Detailmerkmal, z.B. Sportwagen = hoher Benzinverbrauch);

(d) *Kontext-Effekt* (Schluss vom Umfeldeindruck auf das Produkt).

2. *Marktforschung:* Antwortverzerrungen, die bei Befragungen dadurch auftreten, dass die Beantwortung einer vorhergehenden Frage das Antwortverhalten für die nachfolgende Frage mehr oder weniger stark beeinflusst (Halo-Effekt).

Awareness Marketing

Marketing für ein Produkt und/oder eine Dienstleistung zu einem Zeitpunkt, zu dem dieses/diese im betreffenden Land nicht oder nur in geringem Umfang verfügbar ist/sind.

In einem dem Marktzyklus vorgelagerten Stadium soll auf die Produktpalette eines Unternehmens aufmerksam gemacht werden; bei potenziellen Konsumenten werden Produkt- und Markenerwartungen bzw. -images aufgebaut. Durch Awareness Marketing können unter Umständen schwer und damit werbeintensiv zu überwindende Wettbewerbs- bzw. Markteintrittsbarrieren abgebaut werden.

Die Nichterhältlichkeit der Produkte erklärt sich in der Regel aus gesetzlich verankerten Importverboten oder Beschränkungen der betreffenden Länder, eine Aufhebung der Handelshemmnisse erscheint jedoch absehbar; erfolgt die Marktöffnung mit erheblicher Zeitverzögerung, sind unter Umständen überhöhte Werbeausgaben die Folge und/oder Irritationen bei den Konsumenten aufgrund technischer Veralterung des Produkts. Angewandt in Entwicklungs- und Schwellenländern, bedeutsam vor allem für Markenprodukte.

Bedarfsfaktoren

Tatsachen und Kräfte, die zu einer wirksamen Bedarfsäußerung in Form marktlicher Nachfrage (Bedarf) führen.

Die Summe der einzelnen Bedarfsfaktoren enthält:

(1) Verbrauchs- und Kaufgewohnheiten; Bedürfnisformer, z.B. Mode, Konvention, Tradition, Brauchtum, Zeitgeschmack, kultureller Stil und zivilisatorischer Standard; Kinderstube als bestimmend für den ideellen Lebensstandard des Verbrauchers;

(2) jetzige soziale Stellung der Verbrauchsträger;

(3) Einkommen des Haushaltsvorstandes und der übrigen verdienenden Haushaltsmitglieder;

(4) Landschaft in ihren verbrauchsbestimmenden naturräumlichen Bedingungen, z.B. Klima, Bodengestalt, Wegeart u.a.;

(5) Verbrauchserfahrungen mit verschiedenen Erzeugnissen (Markenkenntnis).

Diese Gesamtheit veranlasst das Streben, geldliche Kaufkraft an sich zu ziehen, um in Form der Bedarfsgestalt als marktliche Nachfrage auftreten zu können.

Bedürfnis

1. *Marketing:* Wunsch, der aus dem Empfinden eines Mangels herrührt. Man unterscheidet: natürliche Bedürfnisse, gesellschaftliche Bedürfnisse (Kollektivbedürfnisse) und Grundbedürfnisse.

2. *Marktpsychologie/Arbeits- und Organisationspsychologie:* Motiv.

Beschaffungsmarketing

Aufgaben des *strategischen Beschaffungsmarketings* sind die Nutzung vorleistungsspezifischer Marktchancen, die langfristige Sicherung der Bezugsquellen und die Pflege der Beziehungen zu diesen. Das *operative Beschaffungsmarketing* beschäftigt sich mit beschaffungslogistischen Problemstellungen für den Leistungserstellungsprozess.

Beschaffungsmarktforschung und -analyse, Segmentierung des Beschaffungsmarktes, Grundsätze zum Verhalten gegenüber den Lieferanten, der beschaffungspolitische Marketing-Mix (Beschaffungs-Kontrahierungspolitik, Leistungs- und besondere Qualitätspolitik, Beschaffungswegepolitik, Beschaffungskommunikation) bilden dem Marketingkonzept entsprechend die Kernelemente des Beschaffungsmarketings.

Beschwerdemanagement

Beschwerdemanagement betrifft den systematischen unternehmerischen Umgang mit Kundenbeschwerden. Ziele des Beschwerdemanagements liegen in der Stabilisierung gefährdeter Kundenbeziehungen und der Qualitätssicherung. Zur Zielerreichung sind die Aufgaben des direkten und indirekten Beschwerdemanagementprozesses zu erfüllen. Zudem bedarf es einer konsistenten Gestaltung von personalpolitischen, informationstechnologischen und organisatorischen Rahmenbedingungen.

Beziehungsmarketing

Alle Unternehmensaktivitäten, die langfristige Kundenzufriedenheit zum Ziel haben. Darin eingeschlossen sind Kundennähe, Kundenpflege, Database Marketing und Serviceaktivitäten. Das Beziehungsmarketing setzt eine hohe Qualität der Kundenanalyse voraus und wird zunehmend zu einem entscheidenden Wettbewerbsfaktor.

Börsenkommunikation

Börsenkommunikation soll die Transparenz an den Kapitalmärkten sicherstellen. Anleger haben ein berechtigtes Interesse an den Vorgängen im Unternehmen und an Entscheidungen des Managements, das Unternehmen hat ein Interesse daran, die eigenen Positionen zu verdeutlichen. Wesentliche Teile der Börsenkommunikation sind durch Gesetze und Börsenverordnungen geregelt (z.B. Geschäfts- und Quartalsbericht, Ad-hoc-Mitteilungen), weitere Teile richten sich nach den Bedürfnissen der Anspruchs- und Zielgruppen sowie nach den Kommunikationszielen des Unternehmens.

Bottom-of-the-Pyramid-Marketing

BoP-Marketing; marktorientierte Unternehmensführung in sogenannten Bottom-of-the-Pyramid-Ländern, d.h. Entwicklungs- und Schwellenländern. Seit der Jahrtausendwende wird verstärkt darauf aufmerksam gemacht, dass es Anpassungen der Marketingstrategien und -maßnahmen multinational tätiger Unternehmen bedarf, um die Armutsproblematik in BoP-Ländern zu lösen und damit zugleich Wachstumsmärkte der Zukunft zu erschließen. Hierdurch soll ein Wandel vom klassischen Spendenmodell in der Entwicklungshilfe hin zu einem nachfrager- und marktbezogenen Ansatz gefördert werden. Marketingkonzepte für BoP-Märkte setzen bei der gezielten Analyse der Bedürfnisse armer Bevölkerungsgruppen und der Förderung ihrer Transaktionsfähigkeit durch Integration ärmerer Nachfrager (*empowerment of the power*) in die Wertschöpfungskette von Unternehmen an. Dies erfordert eine grundlegende Anpassung der Marketingstrategien und -instrumente.

Branchenattraktivität

Marktattraktivität; eine in der Portfolio-Analyse verwendete Dimension (Marktattraktivität-Wettbewerbsvorteil-Portfolio), die zum Ausdruck bringt, wie attributiv eine Branche für Aktivitäten des Unternehmens erscheint.

Kriterien der Branchenattraktivität: Marktwachstum, Marktgröße, Marktqualität, Versorgungslage bezüglich Ressourcen, sonstige Umweltsituation.

Business-to-Business-Markt

B2B; übliche Form des Marktes, bei der das Angebot und die Leistungserstellung von Unternehmen an Unternehmen erfolgen. Der Begriff Business-to-Business-Markt dient zur Abgrenzung derjenigen Marktbereiche, in die häufig der E-Commerce eingeteilt wird, um die jeweils spezifischen Gestaltungsparameter zu identifizieren.

Business-to-Consumer-Markt

B2C; übliche Form des Marktes, bei der das Angebot von Unternehmen an Konsumenten erfolgt. Der Begriff Business-to-Consumer-Markt dient zur Abgrenzung derjenigen Marktbereiche, in die der E-Commerce häufig eingeteilt wird, um die spezifischen Gestaltungsparameter zu erkennen.

Buying Center

Einkaufsgremium, Decision Making Unit, theoretisches Konstrukt, bedeutend für die Erklärung des organisationalen Kaufverhaltens. Alle am Beschaffungsprozess beteiligten Personen bilden das Buying Center; die Zusammensetzung variiert mit Kaufklassen und Kaufphasen.

Analysekriterien des Buying Centers:

(1) nach den *Rollen der beteiligten Personen* (Benutzer, Einkäufer, Entscheidungsträger, Einflussagenten und Gatekeeper);

(2) nach *Tätigkeitsfeldern* (oberste Unternehmensleitung, technisches Personal, Entwicklungs- und Instandhaltungsbereich, Einkauf, Finanzwesen, Verkauf, andere Unternehmungsangehörige, Außenstehende);

(3) nach der Art der *Kompetenz* der am Kaufprozess Beteiligten (Personen mit Machtkompetenz: Machtpromotoren, Personen mit Fachkompetenz: Fachpromotoren).

Carryover-Effekt

1. *Begriff:* intertemporale Wirkungsübertragung beim Einsatz absatzpolitischer bzw. marketingpolitischer Instrumente, besonders von Werbewirkungen: Ein Teil der Werbewirkung wird nicht im Zeitraum des Instrumenteneinsatzes, sondern erst in den Folgeperioden und in abnehmendem Umfang wirksam (Werbewirkungsfunktion).

2. *Arten:*

a) *Direkter Carryover-Effekt:* Der Absatz des beworbenen Produktes wird in späteren Perioden von den Werbeanstrengungen in den vorgelagerten Perioden beeinflusst. Nur ein Teil der Werbung wird in der Periode des Werbeeinsatzes wirksam, der andere Teil erst in nachfolgenden Perioden.

b) *Indirekter Carryover-Effekt:* Der Absatz des beworbenen Produktes in späteren Perioden wird von dem durch die Werbung beeinflussten Absatz in der Durchführungsperiode mitbestimmt. Von Bedeutung für Verbrauchs- und Gebrauchsgüterwerbung.

Im ersten Fall kommt der Carryover-Effekt vor allem über Wiederholungskäufe zustande, im zweiten Fall sind Imitations- und Sättigungseffekte die wichtigsten Ursachen.

Carryover-Effekt

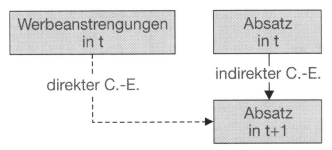

Case Management

Modell der Marketingorganisation, bei dem jeder Auftrag als ein Geschäftsvorfall behandelt wird, dessen gesamter Ablauf von einer Person (bzw. Stelle) betreut wird. Der Case Manager ist das Bindeglied zwischen dem Kunden und der Binnenorganisation des Unternehmens.

Das Case Management als Organisationsform eignet sich für alle Unternehmen, deren Produkte bzw. Dienstleistungen eine komplexe Marktbearbeitung erforderlich machen (Gebrauchsgüter, Investitionsgüter) und die durch enge, kontinuierliche Interaktionen mit den Kunden gekennzeichnet sind.

City Marketing

Begriff: Unter City Marketing versteht man die Entwicklung eines umfassenden Marketingkonzeptes, das unter Einbindung der Anspruchsgruppen einer Stadt (z.B. Unternehmen und Bürger) die Vermarktung des Produktes „City" ermöglichen soll. Durch eine gewinnbringende Kombination der oben genannten Faktoren soll die Attraktivität der Innenstädte für unterschiedliche Zielgruppen wieder angehoben werden.

Hintergrund: In den letzten Jahren verloren die Zentren der Städte zunehmend an Bedeutung. Vor allem das Entstehen von großen Einkaufszentren an den Stadträndern und der zunehmende Verlust von Einwohnern und Besuchern in den Innenstädten haben zu einer Verschlechterung der Situation in der City geführt. Auch zwischen Städten ist ein verstärkter Wettbewerb um Kaufkraftströme, Image, Ausbau und Sicherung von Arbeitsplätzen, Industrieansiedlungen, Ansiedlung von Einwohnern etc. zu beobachten. Die Attraktivität einer Stadt hängt von der Vielfalt ihres Angebotes wie Wohnen, Einkauf, Freizeit, Kultur, Sport, Arbeitsmöglichkeiten und Ähnliches ab.

Co-Branding

Bei einer Co-Branding-Strategie wird das Leistungsangebot durch zwei oder mehr Marken im Verbund markiert. In der Regel bringen alle

Kooperationspartner ihre Ressourcen und Kompetenzen in größerem Umfang ein.

Co-Branding zeichnet sich durch vier wesentliche Merkmale aus:

1) Verbindung von mind. zwei Marken,

2) die für den Nachfrager wahrnehmbar kooperieren,

3) um durch die Kooperation der Marken ein gemeinsames Leistungsbündel zu schaffen,

4) um sowohl vor als auch nach der Co-Branding-Kooperation aus Sicht der Nachfrager selbstständig zu sein.

Co-Branding-Strategien haben in jüngster Vergangenheit an Bedeutung gewonnen, da viele Hersteller sich von diesen Kooperationen eine Imageverbesserung sowie eine Verbreiterung ihrer Markenkompetenz aus Sicht der Nachfrager erhoffen. Die Besonderheit des Co-Branding besteht in der Problematik, mindestens zwei Identitäten eigenständiger Marken unter Berücksichtigung der zugrunde liegenden gemeinsamen Leistung verbinden zu müssen, ohne dass es zu Konflikten zwischen den Markenidentitäten kommt.

Cocooning

Verhaltensform, die im Rückzug von der komplexen, bedrohlichen und unkontrollierbaren Umwelt in die eigenen vier Wände besteht. Daraus resultiert für Unternehmen die Problematik, einerseits die Bedürfnisse des Konsumenten zu ermitteln und ihn andererseits in seiner Zurückgezogenheit zu kontaktieren.

Commodity Approach

Güterbezogene Betrachtungsweise des Marketings. Es werden spezifische Marketingkonzepte für unterschiedliche Gütertypen entwickelt. Besonders wird eine Unterscheidung nach Konsumgütern (Konsumgütermarketing) und Investitionsgütern (Investitionsmarketing) und immateriellen Dienstleistungen (Dienstleistungsmarketing) vorgenommen. Die zunehmende Verbreitung sogenannter digitaler Güter führt zu neuen konzeptionellen Ansätzen des Onlinemarketings.

Consumer-to-Consumer-Markt

C2C; Form des Marktes, bei der das Angebot von Konsumenten an Konsumenten erfolgt. Durch die verschiedenen Möglichkeiten des E-Commerce und die erleichterte Kommunikation mittels elektronischer Medien können Angebot und Nachfrage im großen Rahmen zusammengeführt und die Transaktionskosten gesenkt werden. Eine der bekanntesten Consumer-to-Consumer-Markt-Plattformen ist eBay.

Convenience Goods

(Problemlose) Güter des täglichen Bedarfs, die der Konsument möglichst bequem in der Nähe seiner Wohnung oder seines Arbeitsplatzes einkaufen möchte (Verbrauchsgüter), z.B. Brötchen, Milch, Zigaretten, Zeitungen.

Customer Equity

Kundenbezogener Wert, der sich auf einzelne Kunden, Kundengruppen oder den gesamten Kundenstamm beziehen kann. Customer Equity wird auf der Grundlage des Customer Life Time Value und indirekten Wertgrößen (z.B. Informationswert, Referenzwert) des Kunden ermittelt.

In der Marketingforschung lassen sich drei Typen von Customer Equity Modellen unterscheiden:

(1) *Black Box-Modelle*: Berechnung auf Basis monetärer Größen;

(2) *verhaltenstheoretisch orientierte Modelle*: Berechnung auf Basis psychographischer Größen;

(3) *hybride Modelle*: Berechnung auf Basis sowohl monetärer als auch psychographischer Größen.

Customer Lifetime Value (CLV)

1. *Begriff:* Kundenertragswert; investitionstheoretischer Kundenwert; Instrument zur Bestimmung der Rentabilität von Kunden.

2. *Merkmale:* Beim Übergang vom Transaktions- zum Beziehungsmarketing (Relationship Marketing) steht nicht mehr die Vorteilhaftigkeit jeder einzelnen Transaktion mit dem Kunden im Vordergrund, sondern es sind investitionstheoretische Kalküle zur Bestimmung der ökonomischen Vorteilhaftigkeit einer Kundenbeziehung heranzuziehen. Hierbei werden die kundenspezifischen Ein- und Auszahlungsströme über die gesamte Dauer der Geschäftsbeziehung betrachtet. Zugunsten höherer Kundeneinzahlungen in zukünftigen Perioden können zur Kundenakquisition „Investitionen" getätigt werden, die sich erst im Laufe der Geschäftsbeziehung amortisieren. Wird bei Bestandskunden die Profitabilität für die verbleibende Dauer der Geschäftsbeziehung ermittelt, so wird hierfür der Begriff Customer Lifeshare Value verwendet.

3. *Berechnung:* In der einfachsten Form wird zur Ermittlung des Customer Lifetime Value die Kapitalwertmethode herangezogen, bei der für die erwartete Dauer der Geschäftsbeziehung T für jede Periode t die erwarteten kundenspezifischen Einzahlungen e_t (Basisumsatz, Cross-Selling-Umsatz u.a.) den kundenspezifischen Auszahlungen a_t (Mailings, Beratung u.a.) gegenübergestellt und mit einem Kalkulationszinssatz i entsprechend der Anzahl der Perioden abgezinst werden:

$$\text{CLV} = \sum_{t=0}^{t=T} \frac{e_t - a_t}{(1 + i)^t}$$

In weiterführenden Ansätzen wird versucht, den Beitrag von Kundenreferenzen (Referenzwert) und Kundeninformationen (Informationswert) als ökonomische Größen bei der Kapitalwertberechnung zu berücksichtigen.

Customer Relationship Management (CRM)

Customer Relationship Management ist zu verstehen als ein strategischer Ansatz, der zur vollständigen Planung, Steuerung und Durchführung aller interaktiven Prozesse mit den Kunden genutzt wird. Customer Relationship Management umfasst das gesamte Unternehmen und den gesamten Kundenlebenszyklus und beinhaltet das Database Marketing und entsprechende Customer-Relationship-Management-Software als Steuerungsinstrument.

Customized Marketing

1. *Begriff:* Individualisierung von Massenprodukten, Services oder der Kommunikation.

2. *Merkmale:* Die Standardausprägung eines Angebotes oder einer Kommunikation wird den individuellen Kundenwünschen angepasst. Beim Customized Marketing wird dem Kunden die Möglichkeit geboten, über einen direkten Kontakt mit dem Anbieter bzw. über interaktive Medien einen Prozess in Gang zu setzen, der eine seinen individuellen Kundenwünschen entsprechende Leistung hervorbringt. Dadurch sind sowohl im strategischen als auch im operativen Marketing Adaptionen notwendig und möglich (z.B. die Festlegung der Interaktivität bei der Geschäftsfeldwahl, die Einbeziehung interaktiver Medien im Kommunikationsprozess, die veränderte Rolle des Handels, eine variantenorientierte Preispolitik etc.).

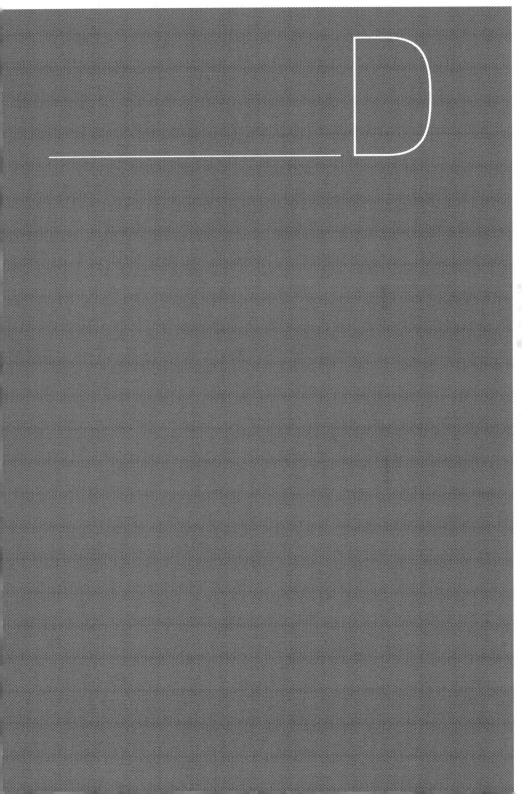

Dachmarke

Im Gegensatz zur Einzelmarke (Produkt bzw. Produkt-Linien z.B. Golf) werden unter einer Dachmarke (Company Brand z.B. VW) alle Produkte eines Unternehmens geführt. In einem Konzern sind mehrere Dachmarken nebeneinander möglich (z.B. VW-Konzern: VW, Audi, Skoda, Seat etc.).

Demarketing

Reduktionsmarketing; Sonderform des Social Marketings, die darauf abzielt, die Nachfrage nach einem (z.B. umwelt- oder gesundheitsschädlichen) Produkt zu verringern, vor allem durch kommunikationspolitische Maßnahmen. Preispolitisch kann Fiskalpolitik eingesetzt werden (z.B. Tabakwaren), distributionspolitisch die Lizensierung von Vertriebsstellen (z.B. Alkoholvertrieb in den nordeuropäischen Ländern).

Denotation

Unmittelbar mit einem Objekt verbundene Merkmale (wie z.B. Farbe, Geruch). Im Vordergrund steht die Sachbedeutung der Begriffe. Die Konotation dagegen verbindet mit den Aussagen zusätzliche Vorstellungen (z.B. Assoziationen und gefühlsmäßige Anmutungen).

Dialogmarketing

Marketingstrategie, bei der die Anbieter mit ihren Kunden bzw. Zielgruppen in einen Dialog eintreten, der über die Marketingkommunikation hinausgeht. So können Kundenanregungen z.B. für die Produktpolitik genutzt werden.

Dienstleistungen

In Abgrenzung zur Warenproduktion (materielle Güter) spricht man bei den Dienstleistungen von *immateriellen Gütern.*

Als ein typisches *Merkmal von Dienstleistungen* wird die Gleichzeitigkeit von Produktion und Verbrauch angesehen (z.B. Taxifahrt, Haarpflege in einem Frisiersalon, Theateraufführung). Da die unmittelbare, überwiegend auch personengebundene *Arbeitsleistung* des Produzenten hier den wesentlichen Inhalt der Dienstleistungen ausmacht, werden nur geringe Möglichkeiten zur Produktivitätssteigerung gesehen. Daraus wurde die These eines generellen *Produktivitätsrückstands* der Dienstleistungen gegenüber der Warenproduktion abgeleitet (Drei-Sektoren-Hypothese).

In modernen Volkswirtschaften haben derartige *gebundene Dienstleistungen* aber nur noch eine relativ geringe Bedeutung, vielmehr wird die Dynamik des Dienstleistungssektors insgesamt von der Entwicklung *ungebundener Dienstleistungen* bestimmt, für die eine zeitliche und räumliche Entkoppelung von Produktion und Verbrauch durchaus charakteristisch ist. Bei diesen ungebundenen Dienstleistungen, zu denen besonders die *produktions-* oder *unternehmensbezogenen Dienstleistungen* gehören (Finanzdienstleistungen, technische Dienstleistungen), erlaubt der Einsatz technischer Hilfsmittel (EDV, Kommunikationstechniken) Produktivitätssteigerungen, die weit über denen der industriellen Produktion liegen können.

Dienstleistungsmarketing

Dienstleistungsmarketing ist eine Teildisziplin in der Marketingwissenschaft. Dienstleistungen unterscheiden sich in ihren Eigenschaften wesentlich von Sachgütern: Sie bedürfen einer permanenten Leistungsfähigkeit des Anbieters sowie der Einbindung des Kunden in die Erstellung der Leistung und sind zumindest teilweise immateriell. Daraus ergeben sich besondere Herausforderungen an die Vermarktung von Dienstleistungen, die durch das Dienstleistungsmarketing adressiert werden.

Direct Marketing

Umfasst alle marktgerichteten Aktivitäten, die sich einstufiger (direkter) Kommunikation und/oder des Direktvertriebs bzw. des Versandhandels bedienen, um Zielgruppen in individueller Einzelansprache gezielt zu erreichen, und umfasst ferner solche Aktivitäten, die sich mehrstufiger Kommunikation bedienen, um einen direkten, individuellen Kontakt herzustellen. Direct Marketing wird fälschlicherweise häufig mit Dialogmarketing bzw. One-to-One-Marketing gleichgesetzt (vergleichbar, aber mit anderem Schwerpunkt – d.h., die Form der Kommunikation wird auch dort medial vermittelt, aber personenbezogen).

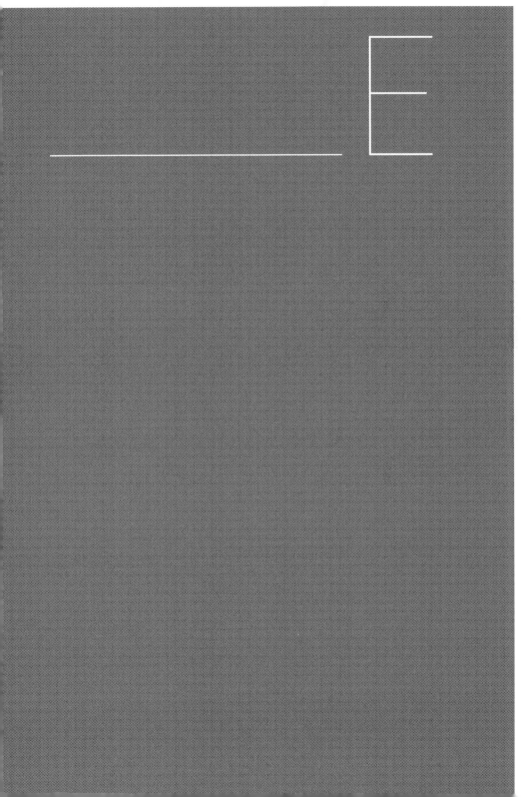

Early Bird

Bis zu einem festgelegten Termin befristetes Angebot, sodass sich der potenzielle Käufer rasch entscheiden muss, ob er das Angebot annehmen möchte („Der frühe Vogel fängt den Wurm.").

Egonomics

Verhaltenstrend, der die Abgrenzung zu anderen Personen durch differenzierten Konsum zum Ziel hat. Aus dem Trend resultiert eine Fraktalisierung der Zielgruppen und ihrer Bedürfnisse mit der Chance für Anbieter zur Marktsegmentierung und zum Nischenmarketing. Hierbei kann ein wichtiges Strategieelement die Personifizierung des Angebots durch interaktive Produktgestaltung (Mass Customization) sein.

Einstellung

1. *Begriff:* subjektiv wahrgenommene Eignung eines Gegenstands (Produkt, Person, Situation etc.) zur Befriedigung von Bedürfnissen (Motivation; Motiv). Wird auch als *Image* bezeichnet.

Einstellung gilt als *„hypothetisches Konstrukt"*, das nicht direkt und unmittelbar beobachtet werden kann, sondern in der Regel aus verbalen Stellungnahmen oder offenem Verhalten erschlossen wird (Neobehaviorismus); ein Subjekt besitzt einem Objekt gegenüber eine positive, negative oder neutrale Einstellung.

Das *Einstellungskonzept* geht dabei vom Individuum zum Gegenstand in subjektiv-individualisierter Form (Subjektperspektive) aus; Gegenstände können interpersonell unterschiedlich eingeschätzt werden.

Das *Imagekonzept* geht dagegen vom Gegenstand (Objektperspektive) in objektivierter Beurteilung aus (Personen-, Kaufstätten-, Unternehmens-, Länderimages der öffentlichen Meinung, Imagetransfer); mehrere Personen (im Grenzfall alle) besitzen einem Objekt gegenüber die gleiche oder zumindest ähnliche Einstellung, weil vom Objekt ein bestimmtes, intersubjektives Image ausgeht. Image kann mithin als generalisierte, stereotype Einstellung des betreffenden Objekts angesehen werden.

2. *Komponenten:*

(1) *kognitive (erkenntnismäßige) Komponente,* die sich in den Vorstellungen, Kenntnissen und Meinungen gegenüber einem Objekt äußert;

(2) *affektive (emotionale) Komponente,* die sich auf eine gefühlsmäßige, mit dem Objekt verbundene Haltung bezieht;

(3) *konative (handlungsbezogene) Komponente,* die sich auf eine grundsätzliche Handlungstendenz (z.B. Kaufhandlung) bezieht.

In der Regel sind alle drei Komponenten konsistent aufeinander abgestimmt: Die Konsistenz von Denken, Fühlen und Handeln gegenüber einem Objekt kennzeichnet eine Einstellung.

3. *Messprobleme:* Im Rahmen der Erforschung des Käuferverhaltens geht es vor allem um die Frage, ob aus positiven Einstellungen gegenüber einem Kaufobjekt Kaufabsichten oder -handlungen gefolgert bzw. prognostiziert werden können; hierzu liegt eine Vielzahl von Studien vor, die zum Teil widersprüchliche Ergebnisse liefern. Experimentelle (z.B. Störfaktoren) und messmethodische Schwierigkeiten (z.B. Ein- oder Mehrdimensionalität) sind hierfür verantwortlich.

Emotion

Affekt, Gefühl, psychische Erregung; innere Empfindung, die angenehm oder unangenehm empfunden und mehr oder weniger bewusst erlebt wird, z.B. Freude, Angst, Kummer, Überraschung. Die Emotion ist ein komplexes Muster aus physiologischen Reaktionen (z.B. Steigerung des Blutdrucks), Gefühlen (z.B. Liebe, Wut), kognitiven Prozessen (Interpretation, Erinnerung und Erwartung einer Person) sowie Verhaltensreaktionen (z.B. lachen, weinen).

Als individueller Aspekt des Konsumentenverhaltens vielfältige Einsatzmöglichkeiten in der *Werbung,* u.a. zur Steigerung der Aufmerksamkeitswirkung von Werbemitteln durch emotionale Bilder, Texte etc.

Emotionale Konditionierung

Lernvorgang, der eine emotionale Reaktion auf bislang neutral empfundene Reize hervorruft: Ein neutraler Reiz (z.B. Markenname) wird wiederholt mit einem emotionalen Reiz (z.B. emotionales Bild) gekoppelt, bis der vormals neutrale Reiz in der Lage ist, die beabsichtigte emotionale Reaktion (Emotion) hervorzurufen. *Einsatz* vor allem bei Werbung auf gesättigten Märkten.

Empathie

Einfühlungsvermögen; beschreibt die Fähigkeit einer Person, sich in die Gedanken und Gefühle anderer Personen hinein zu versetzen. Beim Verkaufs- und Servicepersonal werden entsprechende Fähigkeiten besonders gefordert. Auch von den Beteiligten in der Produktentwicklung oder Marktforschung ist ein hohes Einfühlungsvermögen zur Erfassung von Kundenbedürfnissen notwendig.

Episodenbegleitende Dienstleistung

Während Pre-Sales-Services und After-Sales-Services als produktbezogene Dienstleistungen betrachtet werden, beziehen sich episodenbegleitende Dienstleistungen auf das Management der Transaktionsepisode, d.h. auf sämtliche Interaktionen zwischen Anbieter und Nachfrager, die mit der Anbahnung, Vereinbarung und Realisierung einer Gütertransaktion verbunden sind (Episodenkonzept).

Beispiele: Anbieten von Kinderhort, Parkraum etc. durch einen Händler, organisatorische Gestaltung des Verhandlungsprozesses etc.

Episodenkonzept

Zentrales Konstrukt im multiorganisationellen Interaktionsansatz (Interaktionsansätze). Die *Transaktionsepisode* (Episode) umfasst die kollektiven Planungs-, Entscheidungs- und Verhandlungsprozesse zwischen und innerhalb von Organisationen in Bezug auf Anbahnung, Abschluss und Realisation einer Investitionsgüter-Transaktion (Lebenslauf eines Projekts von der ersten Anfrage bis zur endgültigen Abwicklung).

Erfahrungskurve

1. *Charakterisierung:* Grundgedanke der Erfahrungskurve ist das bekannte Phänomen, dass die Produktivität mit dem Grad der Arbeitsteilung steigt. Diese Erkenntnis findet Eingang in den *Lernkurveneffekt,* der besagt, dass mit zunehmender Ausbringung die Arbeitskosten sinken. Die Aussage der Lernkurve wird auf die Verdopplung der kumulierten Produktionsmenge x bezogen, die ein Sinken der direkten Fertigungskosten y (bzw. Lohnkosten/Mengeneinheit) um einen konstanten Prozentsatz bewirkt.

2. *Aussage:* Bei der Erfahrungskurve wird die Aussage der Lernkurve auf die Stückkosten erweitert: Die realen Stückkosten eines Produktes gehen jedes Mal um einen relativ konstanten Anteil (20–30 Prozent) zurück, sobald sich die in Produktmengen ausgedrückte Produkterfahrung verdoppelt. Die Stückkosten umfassen die Kosten der Produktionsfaktoren, die an der betrieblichen Wertschöpfung beteiligt sind (Fertigungskosten, Verwaltungskosten, Kapitalkosten etc.). Die Aussage der Erfahrungskurve gilt sowohl für den Industriezweig als Ganzes als auch für den einzelnen Anbieter; inzwischen wurden auch Erfahrungskurveneffekte in nichtindustriellen Branchen (z.B. Lebensversicherungen) nachgewiesen.

3. *Prämisse:* Alle Kostensenkungsmöglichkeiten (Lerneffekt, Betriebs- und Losgrößendegressionseffekte, Produkt- und Verfahrensinnovation etc.)

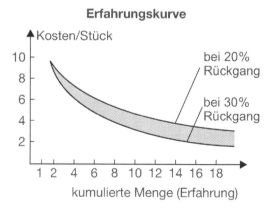

werden genutzt. Die Problematik dieser Prämisse, die Erfahrungskurve trotz ihres quantitativen Ansatzes eher als ein qualitatives, grundlegendes Denkschema und Verhaltensmodell zu sehen, liegt nahe; sie trifft im Allgemeinen lediglich Tendenzaussagen zum Kostenverlauf.

Erlebnismarketing

Marketing unter Einsatz von erlebnisvermittelnden Maßnahmen, wie z.B. Schaffung von Einkaufsatmosphäre. Dabei wird der potenzielle Käufer auf emotionaler Ebene angesprochen. Im Handel von zunehmender Bedeutung (sogenannter Erlebnishandel).

Ethno-Marketing

Ethno-Marketing ist die Ausgestaltung aller Beziehungen einer Unternehmung auf eine Zielgruppe, die sich aufgrund von historischen, kulturellen und sprachlichen Gegebenheiten von der Bevölkerungsmehrheit in einem Land unterscheidet. Die Unterschiede können Einfluss auf psychographische Kriterien wie beispielsweise andersartige Einstellungen, Motive oder Bedürfnisse haben; diese Kriterien zeigen sich in einem Konsumentenverhalten, welches von dem der Mehrheitsgesellschaft abweicht.

Event Marketing

Durch Event Marketing soll für ein Produkt, eine Dienstleistung oder ein Unternehmen im Rahmen eines besonders firmeninternen oder -externen, informierenden oder unterhaltenden Ereignisses die Basis für eine erlebnisorientierte Kommunikation (erhöhtes Aktivierungspotenzial) geschaffen werden. Event Marketing muss dabei in das Kommunikationskonzept des Unternehmens integriert sein, damit die inhaltliche und zeitliche Abstimmung mit anderen kommunikationspolitischen Maßnahmen gewährleistet ist. Vor diesem Hintergrund stellt das Event Marketing keinen eigenständigen Marketing-Ansatz dar, sondern ist ein Bestandteil der Kommunikationspolitik.

Feasibility-Studie

Durchführbarkeitsstudie; im Anlagengeschäft und Systemgeschäft übliche Vorstudie zur Prüfung, ob ein bestimmtes Großprojekt überhaupt durchführbar und ob es technisch und ökonomisch sinnvoll ist. Der Leistungsumfang des durchzuführenden Projekts soll eingegrenzt werden. Eine Feasibility-Studie wird häufiger von Consulting Engineers durchgeführt; kann auch von Anlagen- und Systemanbietern als Marketing-Instrument des *Pre-Sales-Service* eingesetzt oder von Nachfragern zur Anfragenstrukturierung herangezogen werden.

Flop

Ein neu eingeführtes Produkt, das seine Marketing- und Marktziele nicht erreicht hat und deshalb vom Markt genommen wird. Unter Umständen erfolgt zu einem späteren Zeitpunkt ein Relaunch.

Fraktalisierung

Prozess, bei dem Absatzmärkte zunehmend in kleinere, untereinander inhomogene Einheiten (Zielgruppen) aufgeteilt werden. Hierdurch muss die Marketingpolitik ständig neuen Zielgruppen angepasst werden.

Frühadopter

1. *Begriff:* Gruppe von Adoptern, die ähnliche Eigenschaften aufweist wie die Gruppe der Innovatoren.

2. *Merkmale:* Der Unterschied besteht in ihrer geringeren Risikobereitschaft und einem geringerem Neuheiteninteresse. Dennoch haben Sie immer noch ein hohes Interesse an Neuheiten und übernehmen Ideen frühzeitig. Sie haben in ihrer sozialen Umgebung die Rolle eines Meinungsführers und suchen aktiv nach neuen Angeboten. Sie reagieren wenig preiselastisch.

Frühe Mehrheit

1. *Begriff:* Phase im Diffusionsprozess, in der eine Innovation am Markt den Mainstream erreicht; das Angebot hat sich etabliert.

2. *Merkmale:* Vertreter der frühen Mehrheit handeln wohlüberlegt und übernehmen neue Angebote erst, wenn deren Vorteile nachgewiesen sind. Zu diesem Zeitpunkt ist der Diffusionsprozess einer Innovation bereits weit fortgeschritten.

Gattungsmarke

1. *Begriff:* Bezeichnung für Produktmarken, die ohne besonders differenzierenden Markennamen auskommen und sich vorwiegend auf die Benennung der Warengattung konzentrieren.

2. *Merkmale:* Gattungsmarken sind eher im Niedrigpreissegment angesiedelt und werden dem entsprechend im Rahmen einer Niedrigpreisstategie oder bei Handelsmarken eingesetzt. Als Beispiele können TIP bei Real oder JA von Rewe genannt werden. Vielfach werden Gattungsprodukte auch als No Names oder im pharmazeutischen Bereich Generika (Generics) bezeichnet.

Alternativ können unter diesem Begriff auch Marken verstanden werden, die für eine bestimmte Produktgattung von so hoher Bedeutung sind, dass Sie für diese synonym stehen, zum Beispiel Tempo für Papiertaschentücher.

Gebrauchsgüter

1. *Produktionsorientierte Betrachtung:* Technische Potenziale, die in technologisch und arbeitswissenschaftlich bestimmten Kombinationen mit anderen Gebrauchsgütern und/oder Arbeitskräften Produktionsvorgänge bewirken können (z.B. Maschinen).

2. *Konsumorientierte Betrachtung:* Dauerhafte Konsumgüter (z.B. Kraftfahrzeuge), die dem mehrmaligen längerfristigen Gebrauch dienen.

Generalisierung

Aus der Psychologie in die Theorie des Konsumentenverhaltens übernommener Begriff. Ein gelerntes Verhalten wird von einem Konsumenten nicht nur auf eine spezifische, sondern auch auf ähnliche Situationen angewendet.

Beispiel: Die Erkenntnis, dass ein bestimmter Artikel in einem Einzelhandelsbetrieb preisgünstig angeboten wird, kann auf andere Artikel der betreffenden Abteilung oder auf das gesamte Sortiment übertragen werden.

Generisches Marketing

Generic Concept of Marketing; das weiteste Marketingkonzept. Es umfasst alle sozialen Austauschbeziehungen von Gütern im weitesten Sinn (Transaktionen von Werten), d.h. Austauschbeziehungen von Organisationen mit ihrer Umwelt sowie innerorganisatorische Austauschvorgänge. Marketing mündet so gesehen in eine allgemeine Theorie sozialer Austauschprozesse.

Global Accounts

Strategisch bedeutsame Schlüsselkunden (Key Accounts), die an verschiedenen internationalen Standorten gleichzeitig weltweit standardisierte bzw. kompatible Produkte oder Dienstleistungen nachfragen. In Literatur und Praxis existieren eine Vielzahl weiterer Begrifflichkeiten (z.B. International Key Account, Multinational Account, Worldwide Account) die definitorisch nicht eindeutig voneinander abgegrenzt sind. Überwiegend werden diese Begriffe jedoch als Synonym für Global Accounts verwendet.

Vorteile/Nachteile für den Anbieter: Durch eine enge Bindung der Global Accounts an den Anbieter können Absatzmenge, Kundenzufriedenheit, Umsatz und Gewinn gesteigert und oft längerfristig gesichert werden. Global Accounts haben einen guten internationalen Marktüberblick und können detaillierte Angebotsvergleiche durchführen, um niedrigere Preise durchzusetzen. Aufgrund der großen Beschaffungsbudgets werden zudem die Einkäufe meist gebündelt (Economies of Scale). Aus dieser Konzentration ergeben sich für den Anbieter Gefahren bei Kundenverlust, denen durch den Einsatz spezieller Key Account Manager und besonders durch eine globale Preisgestaltung begegnet werden kann. Die Betreuung von Global Accounts verursacht zudem oft hohe Kosten durch spezifische Anpassungen der Produkte oder Geschäftsprozesse an die Anforderungen des Kunden.

Guerilla Marketing

Wird einerseits als eher destruktive, auf Zermürbung und Angriff ausgerichtete Strategie gegen Wettbewerber aufgefasst, andererseits als eine mögliche konstruktive strategische Option für kleine und mittelständische Unternehmen.

Das bewusste Abzielen auf die Schwächen der Mitbewerber stellt gemäß der ersteren Auffassung die Hauptintention dar, wodurch der Begriff Guerilla Marketing der Intention eines eigenständigen Marketingkonzeptes nicht entspricht, da u.a. die Lösung von Kundenproblemen keine Berücksichtigung findet.

Die zweite Auffassung entspricht inhaltlich weitgehend einer profilierenden Nischenstrategie, bei der flexible, kleinere Unternehmen auch mit schlanken Organisationen und geringem Ressourceneinsatz Konkurrenten Marktanteile abnehmen.

Gütertypologie

Systematisierung der verschiedenen realen Erscheinungsformen der Güter.

Zu unterscheiden:

1. Nach dem Kriterium der *Verwendungssphäre* der Güter: Konsumgüter und Investitionsgüter.

2. Nach dem Kriterium der *einmaligen* oder *mehrmaligen Verwendung:* Verbrauchsgüter und Gebrauchsgüter.

3. *Nach der physischen Beschaffenheit:* Sachgüter (materiell), immaterielle Güter (Dienstleistungen), digitale Güter (z.B. Software).

4. *Nach informationsökonomischen Kriterien* können Güter hinsichtlich der für den Käufer prüfbaren Leistungseigenschaften in Such-, Erfahrungs- und Vertrauensgüter unterschieden werden: Bei Suchgütern können die Leistungseigenschaften vor dem Kauf geprüft werden (z.B. Produktdesign, -farbe); bei Erfahrungsgütern sind die Leistungseigenschaften erst nach dem Kauf während der Produktnutzung zu prüfen (z.B.

Energiesparlampe, Airbag); bei Vertrauensgütern sind unter vertretbaren Informationssuchkosten die Vertrauenseigenschaften nicht zu prüfen (z.B. recyclingfähige Materialien), der Käufer muss vielfach auf die Leistungszusicherung des Anbieters vertrauen.

Produkte bestehen in der Regel aus einer Kombination von Such-, Erfahrungs- und Vertrauenseigenschaften, wobei aufgrund der Dominanz einer Eigenschaftskategorie eine Einordnung in die informationsökonomische Gütertypologie erfolgt.

Handelsmarke

Englisch: *Private Brand, Store Brand, Distributor Brand, Private Label*; sind Waren- oder Firmenkennzeichen, mit denen Handelsbetriebe Waren versehen oder versehen lassen, wodurch sie als Eigner oder Dispositionsträger (=Disposition über die Gestaltung der Marke) der Marke auftreten. Konsequenterweise verfügen Handelsmarken über einen auf das jeweilige Handelsunternehmen oder die Handelsgruppe begrenzten Distributionsgrad. Häufig werden die Begriffe Handelsmarke und Eigenmarke sowie Hausmarke synonym verwendet. Während Haus- und Eigenmarken jedoch in der Regel zu einem einzelnen Unternehmen gehören, können Handelsmarken auch die Schöpfung von großen Handelsgruppen sein.

Traditionell wurden Handelsmarken als preisgünstige Alternative gegenüber Markenartikeln eingeführt oder weil Markenartikelhersteller das Handelsunternehmen (insbesondere Discounter) nicht mehr belieferten. Heute sind Handelsmarken Ausdruck eines aktiven Handelsmarketing zur Profilierung im Absatzmarkt, Sortimentsbereinigung und somit Festigung der Nachfrageposition gegenüber den Lieferanten. Konsequenterweise reicht das Spektrum der Handelsmarken von der Premium-Handelsmarke (=oberes Preissegment) über die klassische Handelsmarke (=mittleres Preissegment) bis zur Discount-Handelsmarke (=unteres Preissegment).

Typische Vertreter von Handelsmarken sind *Tandil* (*Aldi Süd*), *Mibell* (*Edeka*), *AS* (*Schlecker*), *Tip* (*Real, Extra*), *Aro* (*Metro Cash & Carry*) und *Erlenhof* (*Rewe*).

High-Interest-Produkte

Konsumgüter, die aufgrund ihrer Beschaffenheit spezielle Bedürfnisse erfüllen und das Risiko beinhalten, dass sie das Bedürfnis nicht exakt abdecken. Die Bedeutung der Kaufentscheidung und die Gefahr einer kognitiven Dissonanz führen zu einem komplexen Kaufverhalten, das durch einen verstärkten Informationsbedarf und eine intensive Informationsverarbeitung gekennzeichnet ist.

Identitätsbasiertes Markenmanagement

Das identitätsbasierte Markenmanagement stellt einen außen- und innengerichteten Managementprozess mit dem Ziel der funktionsübergreifenden Vernetzung aller mit der Markierung von Leistungen zusammenhängenden Entscheidungen und Maßnahmen zum Aufbau einer starken Marke dar.

Image

Konzept aus der Markt- und Werbepsychologie, das als die Quintessenz der Einstellungen verstanden werden kann, die Konsumenten einem Produkt, einer Dienstleistung oder einer Idee entgegenbringen. Wie Einstellungen stammen Images aus der direkten oder indirekten Erfahrung.

Bei ihnen lassen sich

(1) kognitive (Was weiß ich über den Gegenstand?),

(2) evaluative (Wie werte ich den Gegenstand?) und

(3) konative (Wie möchte ich dem Gegenstand gegenüber handeln?) Komponenten voneinander abheben.

Für die Imageanalyse gibt es eine Vielzahl von quantitativen (auf Skalierungsverfahren beruhenden) und qualitativen Verfahren. Der Imagegestaltung dienen marketingpolitische Instrumente, also der Preis, die Produktgestaltung, die Werbung und der Absatzweg.

Imagemarketing

Teilaspekt einer Marketingkonzeption, Gestaltung der Summe von Erwartungen, Einstellungen und Eindrücken, die ein Individuum oder eine Gruppe von Personen bezüglich eines Unternehmens oder seiner Produkte haben soll.

Ablauf:

(1) Identifizierung der Einflussfaktoren von Kaufentscheidungsprozessen bei verschiedenen Zielgruppen im Hinblick auf bestimmte Imageobjekte;

(2) Durchführung einer Imageanalyse und

(3) Festlegung von imagesteigernden Maßnahmen.

Impulskauf

Reizkauf; Kaufentscheidung, die weniger auf kognitiver Steuerung als auf unmittelbaren Reizstimuli am Point of Sale (POS) beruht. Die im Schaufenster oder im Regal zur Selbstbedienung ausgestellte Ware löst beim Kunden affektive Reize aus, die zu spontanen Kaufbedürfnissen führen. Der Käufer agiert nicht; er reagiert situations- und persönlichkeitsbezogen auf die dargebotenen Reize. Intensive Werbeanstrengungen zum Vorverkauf der Produkte, hohe Anteile frei verfügbarer Kaufkraft, Warenverpackung und Warenauslage mit psychologisch hohem Aufforderungscharakter bewirken ein Ansteigen des Impulskaufs.

Individual Marketing

Konzeption, mit der angestrebt wird, sich weniger an den „Durchschnittswünschen" einer großen Abnehmerzahl, als vielmehr an den Bedürfnissen einzelner Kunden oder kleiner Kundengruppen auszurichten. Diese Idee, die bei der Vermarktung von Investitionsgütern z.B. in Form von kundenspezifischen Systemangeboten (Systems Selling) bereits seit langem realisiert ist, findet zunehmend Eingang in das Konsumgütermarketing. Häufig werden dabei die Instrumente des Direct Marketing eingesetzt.

Information Overload

Überlastung der Personen, die an Kommunikationsprozessen teilnehmen, mit zum Teil irrelevanten Informationen. Die Folge ist eine Reizüberflutung und eine abnehmende Wahrnehmung.

Es ist jedoch zu beachten, dass ein bestimmter Informationsdruck notwendig ist, damit Informationen überhaupt wahrgenommen werden, da 80 bis 90 Prozent aller ausgesandten Informationen vom Rezipienten unterdrückt werden.

Ingredient Branding

1. *Begriff:* Markenpolitik für eine Komponente eines Endprodukts, die einerseits wesentlicher Bestandteil des Endproduktes ist, andererseits aber in das Produkt eingeht und damit nicht mehr offen erkennbar ist (z.B. Mikroprozessoren in PCs, Verpackungen für Nahrungsmittel etc.).

2. *Ziel:* Für den Käufer relevante und wahrnehmbare Eigenschaften wie beispielsweise die Qualität oder Leistungsfähigkeit, die er mit einzelnen Bestandteilen des Gesamtproduktes verbindet, auf das gesamte Produkt auszuweiten.

Innovationsmarketing

Aspekt von Marketingkonzepten zur Gestaltung innovationsfördernder Unternehmenskultur und -prozesse. Notwendigkeit zur Innovation aufgrund ständig wechselnder Konsumentenbedürfnisse und Obsoleszenz vieler Produkte.

Innovator

Gruppe von Adoptoren, die ein neues Produkt als Erste kaufen und damit die Verbreitung von Innovationen in Gang setzt. Innovatoren besitzen eine hohe Risikobereitschaft.

Instant Gratification

Die sofortige Befriedigung von Wünschen und Bedürfnissen, häufig durch den Kauf eines Produkts oder einer Dienstleistung, die der Bedürfnisbefriedigung dient.

Instrumentalinformationen

Informationen über die Reaktion der betrieblichen Umwelt (z.B. Abnehmer, Konkurrenten oder staatliche Stellen) auf den Einsatz marketingpolitischer Instrumente. Es interessiert auch, wie die Unternehmung selbst auf Maßnahmen aus dem Bereich der Umwelt reagieren kann.

Interaktionsansätze

Erklärungsansätze des organisationalen Kaufverhaltens, die die wechselseitigen Beziehungen zwischen den verschiedenen Parteien auf der Anbieter- und Nachfrageseite analysieren. Die Interaktionsansätze geben die isolierte Betrachtung einseitig beeinflussbarer Käuferorganisationen auf; sie sehen den Beschaffungsvorgang als Austauschprozess, der durch das Verhalten von Anbieter- und Käuferorganisationen bestimmt wird (Episodenkonzept). Interaktionsansätze liegen als personale und organisationale Erklärungskonzepte vor.

Interaktives Marketing

Teilaspekt der Marketingkonzeption, besonders anzutreffen in Bereichen, die starke Interaktion mit dem Kunden erfordern (z.B. Anlagen und Sondermaschinen, Dienstleistungen).

Ziel: Gestaltung der Qualität der Interaktion mit dem Kunden.

Intergeneratives Marketing

Form des Massenmarketings, bei der nach gemeinsamen Ansatzpunkten bei jungen und alten Menschen gesucht wird, um mit einer Marketingstrategie mehrere Generationen gleichzeitig ansprechen zu können.

Internationale Markenpolitik

Die Gestaltung von Produktname und Markenzeichen im internationalen Markt. Ziel der internationalen Markenpolitik ist, dem Produkt bzw. Unternehmen Differenzierungspotenzial im internationalen Wettbewerb und damit Wiederverkauf und Schutz vor Imitation durch die Konkurrenz zu sichern (internationaler Marketing-Mix).

Strategien der internationalen Markenpolitik können sein, einen Auslandsmarkt durch die Neueinführung einer eigenen Marke oder durch den Kauf einer im Ausland bereits etablierten Marke zu erschließen. Zu beachten ist eine länderspezifische, kommunikationsgerechte Modifikation der Markenelemente (Markenname und -zeichen) nach kulturellen und warenzeichenrechtlichen Aspekten.

Im Rahmen der internationalen Markenpolitik ist die Entscheidung zwischen dem Einsatz von Welt-, Regional- und Lokalmarken zu treffen. Das Madrider Markenabkommen bietet die Möglichkeit einer internationalen Markenanmeldung mit Wirkung für alle Vertragsstaaten. Seit 1996 besteht die Möglichkeit, eine Gemeinschaftsmarke mit einheitlicher Wirkung für die gesamte EU beim Europäischen Markenamt in Alicante anzumelden.

Internationale Markteintrittsstrategien

1. *Begriff:* Wahl der Form des Zuganges zu Auslandsmärkten:

(1) Ausfuhr bzw. Export (direkt/indirekt);

(2) internationale Know-how- und Technologieverträge: Übertragung schlüsselfertiger Anlagen, technische Serviceverträge, internationale Lizenzen, Koproduktionen, internationales Franchising;

(3) Direktinvestitionen:

(a) Beteiligungen: Joint Ventures, strategische Allianzen, internationale Unternehmensnetzwerke,

(b) Alleineigentum: Neugründung, Akquisition.

2. *Entscheidungskriterien:* Je nach Unternehmenssituation (z.B. Unternehmensstrategie, internationaler Strategie, Kapitalausstattung) und externer (Markt-)Situation (Marktgröße, Wettbewerb) ist aus verschiedenen Alternativen der Markterschließung zu wählen. Länderspezifische Kriterien (Länderrating) sind: Vertriebsnetz und Qualifikation potenzieller Auslandsmarktpartner, tarifäre und nicht-tarifäre Markteintrittsschranken, politisch-soziale Situation. Die politische Stabilität eines Landes ist eine zentrale Entscheidungsgröße zur Bestimmung des Kapitaleinsatzes im Ausland (Länderrisiko).

Internationales Marketing

Internationales Marketing ist die bewusst markt- und kompetenzorientierte Führung des gesamten Unternehmens in mehr als einem Land zur Steigerung des Unternehmenserfolges über alle Ländermärkte hinweg.

Internationalisierung des Handels

Viele Handelsunternehmen agieren heutzutage beschaffungsseitig international, indem sie Güter direkt oder indirekt importieren; abgestufter international ist der Wissenstransfer im Handel, so bei Führungskräften oder Informationssystemen. Absatzseitig allerdings wird die internationale Expansion aggressiv vor allem von führenden Handelsunternehmen in diversen Handelsbranchen erst seit rund zwei Dekaden vorangetrieben.

Internes Marketing

Die Zufriedenheit der Mitarbeiter, vor allem der Mitarbeiter mit direktem Kundenkontakt, übt einen Einfluss auf die Kundenzufriedenheit und damit auf den Erfolg des Unternehmens aus. Das interne Marketing hat daher das Ziel, Marketing als interne Denkhaltung im Unternehmen durchzusetzen, um die marktorientierten Unternehmensziele besser zu erreichen. Eine zielgerichtete Gestaltung des internen Marketings erfordert dabei eine systematische Vorgehensweise, die insbesondere die Planung des internen Marketings mit der des externen, abnehmergerichteten Marketings in Einklang bringt.

Internetmarketing

1. *Begriff*: Das Internetmarketing hat sich in den letzten Jahren von einem Instrument im Rahmen der Kommunikation im allgemeinen Marketingmix eines Unternehmens zu einem eigenen Thema entwickelt. Es haben sich eigene Anforderungen im Internet-Marketing-Mix gebildet und es wurden Instrumente entwickelt, mit denen sich auf diese Herausforderungen reagieren lässt.

Für Unternehmen bietet sich die Möglichkeit, eine gemeinsame Erlebniswelt mit dem Kunden zu schaffen und ihn so langfristig an das Unternehmen zu binden. Auf der anderen Seite bietet es den Kunden die Möglichkeit, wesentlich stärker auf das Unternehmen einzuwirken und Entscheidungen nach seinem Willen zu gestalten. Inwiefern und in welchem Umfang er diese Möglichkeiten intensiv nutzt wird sich zeigen. Allerdings ist bereits jetzt zu erkennen, dass dem Kunden durch die Instrumente des

Internetmarketing gezielter relevante Werbung gezeigt werden kann und es ein besseres Matching zwischen Bedarf und Angebot gibt. Es können individuelle Angebote erstellt und vermarktet werden, die ohne das Internet nie hätten profitabel am Markt etabliert werden können.

2. *Grundlagen*: Die revolutionäre Bedeutung des Internets und damit auch des Internetmarketings leitet sich in erster Linie nicht aus seiner technischen Realisierung ab, sondern aus den durch die neue Systemarchitektur hervorgerufenen Änderungen der sozialen Austauschprozesse. Im Internet realisieren sich drei Prinzipien, welche die positive Wirkung von Netzwerken potenzieren. Es findet sich eine hohe Vernetzungsdichte der Kunden, eine große Anzahl spontan aktiver Elemente und die dadurch hervorgerufene Begünstigung kreisender Erregungen durch das einfache Wiedereinspeisen von Impulsen (Retweet, +1 oder Likes). Durch diese Prinzipien wird zum einen das Auftreten exponentieller Effekte (hypes) gefördert, zum anderen nimmt die Vorhersag- und Steuerbarkeit von Effekten in Netzwerken ab. Die Macht im Marketing wechselt damit im Internet vom Anbieter zum Nachfrager.

3. *Instrumente im Internetmarketing-Mix*: Die Instrumente des Internetmarketing können auf unterschiedlichen Ebenen der Kommunikation gesehen werden. Der Entwicklung einer Spirale folgend, lassen sich aktuell fünf Ebenen identifizieren, die im Idealfall aufeinander aufbauen, wachsende Anforderungen an das Unternehmen stellen und die Möglichkeiten zur Interaktion intensivieren. Nach wie vor besitzen auf der untersten Ebene die Dienste, die auf den grundlegenden Netzwerkstrukturen des Internet, aber nicht zwangsläufig auf dem WWW basieren, eine grundlegende Bedeutung. Als einer der wichtigsten Dienste kann dabei die E-Mail gesehen werden, über die sowohl eine Information als auch eine direkte Kommunikation mit dem Kunden erfolgen kann. Im Einzelnen lassen sich aktuell folgende Ebenen der Marketinginstrumente im Internet identifizieren:

(1) *Klassisches Internetmarketing*, welches auf die reine Vermittlung von Inhalten ausgelegt ist und auch noch auf den 4P des Marketings basierend realisiert werden könnte. Neben dem E-Mail-Marketing

zählen hierzu beispielsweise auch reine die Onlineverfügbarkeit von Produkten inklusive deren Beschreibungen für online und offline verfügbare Produkte, der Download von Bedienungsanleitungen oder aber Werbeträger wie Banner und die Nutzung von Affiliate-Programmen.

(2) Das *Suchmaschinenmarketing* gewann mit der wachsenden Bedeutung von Suchmaschinen und Suchportalen als Einstiegspunkt in das Internet an Bedeutung. Hierbei lässt sich grob in Suchmaschinenoptimierung (SEO) und Suchmaschinenmarketing (Keyword-Marketing, SEA) unterteilen. Während es sich bei SEO um die Manipulation von oder Anpassung an Suchalgorithmen geht, handelt es sich bei SEA um bezahlte Anzeigen, die in den Suchergebnissen geschaltet werden.

(3) *Social Media Marketing* nutzt die Vorteile von sozialen Netzwerken, Social Bookmarking-Diensten, Media Sharing Plattformen und greift auf Foren & Communities oder Blogs/Corporate Blogs zurück, um eine direkte mehrseitige Kommunikation mit den und zwischen den Kunden zu initiieren.

(4) Die *Integration von realer und virtueller Welt* steckt aktuell vielfach noch in den Kinderschuhen, kann allerdings als nächste Entwicklungsstufe im Internetmarketing gesehen werden. Erste Anwendungen, wie Mobile Marketing über Apps, SMS/MMS/Join, Mobile Coupons oder QR-Codes, aber auch Location Based Services, sollten bereits heute Bestandteil einer guten Marketingstrategie sein. Diesen Anwendungen gelang mit der zunehmenden Verbreitung von integrierten Kameras und GPS-fähigen Smartphones mit großen Displays der Durchbruch. Deren zunehmende Nutzung und die steigende Leistungsfähigkeit von Smartphones und Tabletcomputern bildet darüber hinaus eine sehr gute Voraussetzung für Anwendungen in der Augmented Reality.

(5) Die Herausforderungen im Rahmen der *semantischen Netze* (Web 3.0) werden in den nächsten Jahren auch das Internetmarketing prägen. Hierbei wird vorhandenen Informationen eine Bedeutung zugeordnet,

um diese für Maschinen in einem Zusammenhang auswertbar zu machen.

4. *Erfolgsmessung*: Neben den neuen Herausforderungen in der Struktur des Internetmarketing ergeben sich auch neue Möglichkeiten der Erfolgsmessung der verschiedenen Instrumente. Basis für eine Erfolgsmessung ist auch im Internetmarketing die Formulierung eines spezifischen, messbaren, angemessenen, relevanten und terminierten Zieles (smarte Ziele). Auf dieser Basis lässt sich dann eine Vielzahl zielgerichteter Kennzahlen und Abrechnungsmodelle verwenden. Beispielhaft seien für Kennzahlen die Klickrate, Anmeldezahlen, Conversion Rates oder der durchschnittliche Clickpreis genannt. Bei den neuen Abrechnungsmodellen handelt es sich beispielsweise um „pay per click", „pay per lead" oder „pay per sale". Darüber hinaus bieten sich über Web-Monitoring, Tracking und Web-Analyse auch vielfältige Möglichkeiten, mehr über seine Kunden oder die Meinungsbildung zum eigenen Unternehmen/zur eigenen Marke zu erfahren. Ebenso kann durch diese Methoden eine genauere Erfolgsmessung aller Aktivitäten im Internetmarketing erfolgen. Das Marketingbudget kann daher viel zielgerichteter verwendet werden als bei klassischen Marketingmaßnahmen.

Internetökonomie

Vorwiegend digital basierte Ökonomie, welche die computerbasierte Vernetzung nutzt, um Kommunikation, Interaktion und Transaktion in einem globalen Umfeld zu ermöglichen.

Involvement

Ich-Beteiligung; Grad der subjektiv empfundenen Wichtigkeit eines Verhaltens. Mit steigendem Involvement wird eine wachsende Intensität des kognitiven und emotionalen Engagements eines Individuums angenommen, z.B. bei der Durchführung von Entscheidungsprozessen.

Kamerales Marketing

Marketingkonzept, das fordert, dass die betriebliche Leistungserstellung nicht nur auf die Bedürfnisse des Marktes auszurichten ist, sondern dass auch jene Aspekte zu berücksichtigen sind, die mit den Grenzen des Wachstums und dem Kosten sparenden Leistungseinsatz (Umweltpolitik) zusammenhängen (Societal Marketing).

Kannibalismus-Effekt

Negativer Spillover-Effekt einer Marke auf andere Marken eines Unternehmens. Marktanteilsgewinne einer Marke (z.B. eines neuen Produktes) gehen zulasten anderer Marken; besonders dadurch begründet, dass differenziert geplante Produktangebote vom Verbraucher als identisch erlebt werden und sich entsprechend die Angebote auf dem gleichen Teilmarkt gegenseitig Konkurrenz machen ("eine Marke frisst eine andere auf").

Kaufabsicht

Begriff der Theorie des Konsumentenverhaltens und der Marktforschung. Konstrukt, um die Absicht einer Person zu erfassen, von einem bestimmten Produkt eine bestimmte Menge in einem vorgegebenen Zeitraum zu kaufen.

Bezug zu anderen Variablen des Konsumentenverhaltens: Die Kaufabsicht wird beeinflusst von den Einstellungen gegenüber dem betreffenden Produkt (Image) und der Einschätzung bestimmter Faktoren, die voraussichtlich die Kaufsituation charakterisieren (z.B. dem erwarteten Preis, der Verfügbarkeit der Ware in einem Geschäft, der für den Kauf verfügbaren Zeit).

Kaufabsichten dienen der Prognose zukünftigen Kaufverhaltens; sie gelten als zuverlässigere Prädiktoren als Einstellungen.

Kaufentscheidung

1. Begriff:

a) *Kaufentscheidung im weiteren Sinne:* Der gesamte Prozess von der Produktwahrnehmung bis zur Produktauswahl.

b) *Kaufentscheidung im engeren Sinne:* Zustandekommen des Kaufentschlusses. Kaufentscheidungen können individuell oder kollektiv (z.B.organisationales Kaufverhalten von Unternehmen) getroffen werden.

2. *Arten* nach dem Grund der psychischen Aktivierung, der gedanklichen Steuerung und des automatischen reizgesteuerten Handelns:

a) *Impulsive Kaufentscheidung:* gekennzeichnet durch geringe gedankliche Steuerung, verbunden mit starken Reizsituationen.

b) *Habituelle Kaufentscheidung (habitualisierte Kaufentscheidung):* Aufgrund einer Gewohnheit weitgehend „automatisch" ablaufend; gedankliche Steuerung und psychische Aktivierung des Konsumenten sind gering (Lieferantentreue, Markentreue).

c) *Vereinfachte Kaufentscheidung:* Produktwahl mittels bewährter Entscheidungskriterien (z.B. nach der Höhe des Preises); gedankliche Steuerung ist begrenzt; psychische Aktivierung und Reizsituation beeinflussen die Kaufentscheidung kaum.

d) *Extensive Kaufentscheidung:* Für den Konsumenten einen Lernprozess darstellend; situationsbedingte Reize spielen eine geringe Rolle, Kaufsituation ist mit einer großen psychischen Aktivierung verbunden. Extensive Kaufentscheidungen spielen vor allem bei neuen Kaufsituationen, die für den Konsumenten eine große wirtschaftliche Belastung darstellen, eine Rolle.

(Idealtypische) Phasen der extensiven Kaufentscheidung:

(1) Problemerkenntnis,

(2) Informationssuche,

(3) Bildung von Alternativen,

(4) Bewertung der Alternativen,

(5) Entscheidung,

(6) Bewertung der Kaufentscheidung.

3. *Bezug der Kaufentscheidung zu anderen Variablen des Konsumentenverhaltens:* Die Kaufentscheidung wirkt sich in Form eines Rückkopplungsprozesses auf die Zufriedenheit und die Einstellung aus.

Käufer- und Konsumentenverhalten

Das Käuferverhalten umfasst das Verhalten von Nachfragern beim Kauf, Ge- und Verbrauch von wirtschaftlichen Gütern bzw. Leistungen. Hiervon abzugrenzen und enger gefasst ist das Konsumentenverhalten, welches sich auf das Verhalten von Endverbrauchern beim Kauf und Konsum von wirtschaftlichen Gütern bzw. Leistungen bezieht.

Käufertypologie

Konsumententypologie; Typenbildung (Typologie) auf Basis kaufrelevanter Kriterien zur Marktsegmentierung nach soziodemographischen (Alter, Geschlecht, Einkommen etc.) und psychographischen (produktgruppenbezogene Einstellungen, Persönlichkeitsmerkmale, Käufer- und Konsumentenverhalten etc.) Merkmalen. Es werden allgemeine und spezielle Typen betrachtet, die die spezifischen Merkmale von Kunden eines Unternehmens bzw. einer Branche erfassen.

Ziel: Ausrichtung der Marketingstrategie und der marketingpolitischen Instrumente auf typenspezifische Besonderheiten.

Verfahren zur Bildung von Käufertypologien: AID-Analyse, Clusteranalyse etc.

Kaufklassen

Im Investitionsgütermarketing Begriff für unterschiedliche Kaufsituationen zwecks Erstellung kaufklassenadäquater Marketinglehren:

(1) Kaufklassen nach *Komplexität der Kaufsituation* bzw. Routinisierungsgrad des Kaufprozesses:

(a) Erst- bzw. Neukauf (*New Task*);

(b) modifizierter Wiederkauf (*Modified Rebuy*);

(c) reiner Wiederholungskauf (*Straight Rebuy*).

(Ordinal skalierte) Charakterisierungsmerkmale dieser Kaufklassen: Neuigkeitsgrad des Entscheidungsproblems, Informationsbedarf, Berücksichtigung von Alternativen.

(2) *Ansatz von Kutschker* mit drei (ordinal skalierten) Merkmalen (Kaufklassen):

(a) Neuartigkeit der Problemdefinition;

(b) relativer Wert des Investitionsobjekts;

(c) Ausmaß des hervorgerufenen organisationalen Wandels.

Kaufphasen(ansatz)

Versuch einer Systematisierung der Ablaufstrukturen des Kaufentscheidungsprozesses im Investitionsgütermarketing.

Phasen:

(1) Erkennen eines Bedürfnisses und einer allgemein möglichen Lösung;

(2) Feststellung des Bedarfs (Art und Menge);

(3) genaue Spezifikation des Beschaffungsgutes;

(4) Suche nach potenziellen Bezugsquellen;

(5) Einholung und Analyse von Angeboten;

(6) Bewertung der Angebote und Lieferantenauswahl;

(7) Festlegung eines Bestellverfahrens;

(8) Leistungsfeedback und Neubewertung.

Kaufrisiko

1. *Begriff:* Die vom Konsumenten als nachteilig empfundenen Folgen seines Verhaltens, die für ihn nicht sicher vorhersehbar sind; mit dem Kauf von Gütern oder Dienstleistungen verbundene finanzielle, psychologische, produktbezogene, gesundheitsbeeinträchtigende und soziale Kaufrisiken.

2. *Messung:*

(1) eindimensionale Messung;

(2) mehrdimensionale Messung, bei der mehrere relevante Merkmale von Kaufobjekten erfasst werden.

3. *Bezug zu anderen Variablen des Konsumentenverhaltens:* Das Kaufrisiko beeinflusst die Informationsaufnahme (Aufmerksamkeit, Wahrnehmung) und wirkt auf die Kaufabsicht.

Kaufverhalten

Kennzeichnend für einen Kauf ist es, dass einerseits Waren oder Dienstleistungen auf ein anderes Wirtschaftssubjekt übertragen werden, andererseits eine finanzielle Verpflichtung (nur im Ausnahmefall werden Kompensationsgeschäfte getätigt) entsteht.

Kaufverhalten äußert sich vor allem in den *Aspekten:*

(1) Wahl unter verschiedenen Marken (Ausmaß der Markentreue),

(2) Diffusion bestimmter Verhaltensweisen (z.B. Ausbreitung von Marktneuheiten),

(3) Einkaufsstättenwahl,

(4) Art der einkaufenden Person (familiale Kaufentscheidung) und

(5) Quantität und Qualität der gekauften Güter.

Key Account

Schlüsselkunde eines Unternehmens, der gegenüber den anderen Kunden aufgrund seiner Bedeutung für den Umsatz bzw. den Ertrag bevorzugt behandelt wird (Key Account Management).

Key Account Management

Form der Marketingorganisation. Bevorzugte Behandlung von Abnehmern, die eine Schlüsselposition für den Erfolg einer Unternehmung einnehmen. Derartige Kunden werden als *Key Accounts* bezeichnet. Ihre Machtposition wird im Absatzkanal als besonders hoch eingeschätzt. Unabhängig von der Organisation ihrer Verkaufsabteilung sind Unternehmen, die von diesen großen und bedeutsamen Abnehmern abhängig sind, gezwungen, neue organisatorische Ansätze zu entwickeln, um den beschaffungsbezogenen Bedürfnissen dieser Kunden gerecht zu werden.

Einer dieser Ansätze ist das Key Account Management. Derartige Key Accounts bedürfen – und aufgrund ihrer Schlüsselposition für den Erfolg der Unternehmung – einer speziellen Behandlung. Die marketingpolitischen Instrumente müssen daher möglichst genau auf die Key Accounts ausgerichtet werden. Z.B. müssen im Verkauf Mitarbeiter eingesetzt werden, die über einen höheren Erkenntnisstand, bessere Verkaufserfahrungen und umfangreichere Entscheidungsbefugnisse verfügen als der Durchschnittsverkäufer.

Kognitive Dissonanz

1. *Begriff:* Kognitionen sind Erkenntnisse des Individuums über die Realität. Einzelne Kognitionen können in einer Beziehung zueinander stehen. Kognitive Dissonanz entsteht, wenn zwei zugleich bei einer Person bestehende Kognitionen einander widersprechen oder ausschließen. Das Erleben dieser Dissonanz führt zum Bestreben der Person, diesen Spannungszustand aufzuheben, indem eine Umgebung aufgesucht wird, in der sich die Dissonanz verringert oder selektiv Informationen gesucht werden, die die Dissonanz aufheben.

2. *Beispiel:* Das Wissen über ein erhöhtes Krebsrisiko kann bei Rauchern kognitive Dissonanz hervorrufen, denn die positive Einstellung zum Rauchen steht im Widerspruch zu den unerwünschten Konsequenzen.

3. *Möglichkeiten der Dissonanzreduktion:*

(1) Vermeidung von kognitiver Dissonanz durch Nichtwahrnehmung oder Leugnen von Informationen;

(2) Änderung von Einstellungen oder Verhalten (Verzicht auf das Rauchen, Abwerten der Glaubwürdigkeit medizinischer Forschungsergebnisse);

(3) selektive Beschaffung und Interpretation dissonanzreduzierender Informationen (z.B. ein starker Raucher wurde 96 Jahre alt).

4. *Bedeutung für das Marketing:* Kognitive Dissonanz kann vor und nach wichtigen Kaufentscheidungen auftreten. Sie entsteht sehr oft, wenn die betrachteten Alternativen sowohl Vor- als auch Nachteile haben. Dies führt zu einem kognitiven Konflikt für den Entscheider, wodurch es (bezogen auf den Kaufprozess) zu einer Verzögerung oder gar zu einem Nichtkauf bzw. Rücktritt vom Kauf kommen kann. Ziel des Marketings muss es deshalb sein, kognitive Dissonanz zu verhindern bzw. zu reduzieren. Möglichkeiten: Vermindern der Bedeutung einer Entscheidung, Nachkauf-Werbung auf Gebrauchsanweisungen etc.

Konation

Die mit einer Einstellung verbundene Handlungsabsicht; sie ist somit die Prädisposition z.B. zur Wahl eines bestimmten Produktes.

Konotation

Mit einem Objekt verbundene zusätzliche Vorstellungen, die nicht unbedingt in dem Objekt selbst, sondern eventuell in der Erfahrung des Subjektes begründet sind.

Konsument

Endverbraucher; Einzelperson, Haushalt oder größere Gruppe mit gemeinsamer Zielsetzung beim Konsum. In der Regel wird unterstellt, dass ein Konsument mit dem Ziel der Nutzenmaximierung und unter Berücksichtigung physiologischer und ökonomischer Beschränkungen einen optimalen Konsumplan bzw. ein optimales Konsumgüterbündel als Nachfrage nach Konsumgütern auswählt.

Konsumentenverhalten

1. *Begriff:* Einkaufs-, Konsum- und Informationsverhalten von privaten Haushalten.

Gegenstand der *Analyse des Konsumentenverhaltens* sind die verschiedenen Aspekte dieser Verhaltensweisen, besondere Art der gekauften Güter und Dienstleistungen, bevorzugte Einkaufsstätten, Rolle einzelner

Haushaltsmitglieder bei Kauf und Konsum sowie die diesen Prozess beein-
flussenden Faktoren.

Erklärung des Konsumentenverhaltens: Häufig werden hypothetische Kon-
strukte bzw. intervenierende Variablen herangezogen, mit denen erfasst
wird, wie die von außen wirkenden Stimuli im Insystem der Konsumenten
verarbeitet werden und das Verhalten beeinflussen (Käufer- und Konsumentenverhalten, Kaufentscheidung).

2. *Phasen des Konsumentenverhaltens* (idealtypisch):

(1) Bewusstwerden eines Mangelzustandes,

(2) Suche nach Alternativen,

(3) Bewertung der Alternativen,

(4) Treffen der Auswahlentscheidung,

(5) Kauf,

(6) Bewertung der Kaufentscheidung.

3. *Bezug zu anderen Variablen des Insystems:* Das Konsumentenverhalten
wird besonders durch Bedürfnisse, wahrgenommenes Kaufrisiko, Einstellungen, Markenkenntnisse und Kaufabsichten der Konsumenten beeinflusst.

Kreislauforientiertes Marketing

Besondere Form des Ökomarketings, bei der Unternehmen die im Markt
abgesetzten Produkte nach ihrer Nutzungsphase vom Konsumenten
wieder zurücknehmen und durch Recycling die wiedergewonnenen
Produktkomponenten oder stofflichen Fraktionen dem Wirtschaftsprozess
erneut zuführen.

In Deutschland sowie anderen europäischen Ländern ist den Unternehmen gesetzlich eine erweiterte Produktverantwortung auferlegt worden,
die eine Rücknahme und Verwertung von Verpackungsabfällen (Verpa-
ckungsverordnung (VerpackV)) sowie Produkten (Kreislaufwirtschaftsge-
setz) nach ihrer Nutzungsphase verlangt.

Kunde

Tatsächlicher oder potenzieller Nachfrager auf Märkten. Kunden können Einzelpersonen oder Institutionen (organisationales Kaufverhalten) mit mehreren Entscheidungsträgern sein. Sogenannte Schlüsselkunden sind aus der Anbietersicht aufgrund ihres Kaufvolumens oder anderen Merkmalen von besonderer Bedeutung (Key Account Management).

Kundennutzen

Grad der Befriedigung von Bedürfnissen (Motive), den ein Produkt dem Kunden erbringt. Das absatzwirtschaftliche Nutzenkonzept geht von einer hierarchischen Gliederung verschiedener Nutzenarten aus, aus denen sich der Gesamtnutzen bzw. Produktnutzen additiv zusammensetzt.

Der sogenannte *Grundnutzen* schafft dabei die aus den physisch-funktionalen Eigenschaften eines Produktes resultierende Bedarfsdeckung.

Der *Zusatznutzen* lässt sich in Erbauungsnutzen und Geltungsnutzen unterscheiden.

Unter *Erbauungsnutzen* wird die aus den ästhetischen Eigenschaften eines Produktes resultierende Bedarfsdeckung (z.B. Form, Farbe, Geruch) verstanden.

Der *Geltungsnutzen* ist die Bedarfsdeckung, die aus den sozialen Eigenschaften (z.B. Prestige) eines Produktes oder einer Leistung resultiert.

Grundnutzen und Zusatznutzen bilden zusammen den Gesamtnutzen, der die aus allen Eigenschaften eines Produktes resultierende Bedarfsdeckung repräsentiert.

Kundenzufriedenheit

1. *Begriff:* Nachkaufphänomen, bei dem der Kunde erworbene Produkte oder Dienstleistungen anhand seiner gewonnenen Nutzungserfahrungen beurteilt. In der Käuferverhaltensforschung wird Kundenzufriedenheit als hypothetisches Konstrukt verwendet, welches die Übereinstimmung zwischen den subjektiven Erwartungen und der tatsächlich erlebten Motivbefriedigung bei Produkten oder Dienstleistungen zum Ausdruck

bringt. Werden die Erwartungen nicht erfüllt, so liegt Unzufriedenheit vor. Bei unzufriedenen Kunden besteht die Gefahr, dass sie (still) zur Konkurrenz abwandern (Unvoiced Complainers) und/oder ihre Unzufriedenheit dem Unternehmen (Beschwerde) oder anderen Personen (negative Mund-zu-Mund-Propaganda) mitteilen.

2. *Messung:* Bei der Messung der Zufriedenheit werden merkmals- und ereignisorientierte Verfahren unterschieden. Bei den merkmalsorientierten Verfahren wird die Zufriedenheit gegenüber Leistungsmerkmalen erfasst. Hingegen wird bei den ereignisorientierten Verfahren angenommen, dass Zufriedenheit auf der Bewertung von (kritischen) Ereignissen während der Produktnutzung beruht.

3. *Wirkung von Kundenzufriedenheit:* Kundenzufriedenheit wird in der Marketingwissenschaft als wesentlicher Einflussfaktor der Kundenloyalität bzw. Kundenbindung untersucht. In Marketingzielsystemen werden Zufriedenheitsziele als psychographische Zieldimension einbezogen.

Lead User

Nachfrager, deren Bedürfnisse als repräsentativ für einen Markt angesehen werden können und die eine hohe Kaufbereitschaft für zukünftige Produkte besitzen. Durch die Einbeziehung führender Anwender in den gesamten Entwicklungsprozess von Innovationen können Unternehmen wesentliche Wettbewerbsvorteile erreichen.

Lead User sollen Bedürfnisse erkennen, bevor sie am gesamten Markt auftreten. Nach der Identifizierung technologischer Trends in den Abnehmersegmenten und der Identifizierung potenzieller Lead User werden der Innovationsbedarf analysiert sowie Lead User-Leistungskonzepte entwickelt und auf ihre Kundensegmentrepräsentanz hin untersucht. Das Lead User-Konzept zeigt die Bedeutung der Symbiose von Produzent und Kunde im Rahmen des Innovationsprozesses (Innovation, Technologiemarketing) auf und ergänzt im Hinblick auf Innovationsquellen die Paradigmen von Angebotsdruck und Nachfragesog um jenes des aktiven Abnehmers.

Lean Marketing

Managementkonzept im Marketing, das durch das Überdenken von Marketingstrukturen Stoßrichtungen für die Entwicklung von Unternehmenskonzepten aufzeigen will.

Ziel: Erstellung ganzheitlicher strategischer Konzepte; nicht eine einzelne Erfolgsposition wird angestrebt, sondern die gleichzeitige Erzielung mehrerer Wettbewerbsvorteile (Wettbewerbsstrategie).

Kernelemente: ganzheitliche Sichtweise, Prozessorientierung, Kundenorientierung, Mitarbeiterorientierung, Zulieferintegration, Konzentration auf Kernkompetenzen.

Leapfrogging

1. *Begriff:* Überspringen bzw. Auslassen einzelner Stufen im Rahmen eines vorgegebenen Prozessablaufs.

2. Arten:

a) *Nachfragerseitiges Leapfrogging:* Bei Kaufprozessen wird mit Leapfrogging die bewusste Entscheidung eines Nachfragers bezeichnet, eine gegenwärtig am Markt verfügbare Innovation nicht zu kaufen und die Kaufentscheidung auf eine in der Zukunft erwartete Produktgeneration zu verschieben. Verfolgt ein Anbieter das Ziel, Nachfrager zum Leapfrogging zu bewegen, etwa weil er gegenwärtig keine marktfähigen Produkte anbietet, jedoch eine neue Generation entwickelt, so bieten sich ihm dazu folgende Möglichkeiten:

(1) Durch Vorankündigung zukünftiger Produkte vor ihrer eigentlichen Markteinführung können Erwartungen hinsichtlich des Einführungszeitpunktes und der Leistungsfähigkeit auf der Nachfragerseite induziert werden.

(2) Integration des Nachfragers in den Entwicklungsprozess des zukünftigen Produktes. Für Anbieter besteht hier vor allem die Möglichkeit, Prototypen frühzeitig zu präsentieren, mit Lead Usern zusammenzuarbeiten und diese gezielt mit Produktinformationen zu versorgen sowie Beta-Tests mit dem zukünftigen Produkt durchzuführen.

b) *Anbieterseitiges Leapfrogging:* Die bewusste Entscheidung eines Anbieters, in der Entwicklung eine Produktgeneration zu überspringen und die Entwicklungsanstrengungen auf zukünftige Produkte zu konzentrieren. Dem Anbieter kann es dadurch gelingen, im Vergleich zu den Konkurrenten schneller eine ausgereifte (zukünftige) Produktgeneration auf den Markt zu bringen und die Rolle des Marktpioniers einzunehmen. Das Auslassen einer Generation bewirkt jedoch auch einen Erfahrungs- bzw. Kompetenzrückstand des Anbieters, der sich negativ auf Leistungsmerkmale des zukünftigen Produktes und damit auf die zukünftige Wettbewerbsfähigkeit auswirken kann.

Lebensstandard

Vorstellungen des Verbrauchers darüber, was sein Dasein und seine Umwelt ausmachen soll, ausgedrückt in der Summe der ihm nach

Herkommen, Kinderstube, Werdegang etc. angemessen erscheinenden Wünsche. Lebensstandard wird als ideeller Bedarfsfaktor bzw. Bedürfnisformer verstanden, im Gegensatz zum Economic Status (zivilisatorischer Standard).

Lebensstil

Für eine Person oder eine Personengruppe kennzeichnende Kombination von Verhaltensweisen. Diese Kombination stellt ein Muster dar, das die Person oder Personengruppe von anderen sichtbar unterscheidet. Der Lebensstil repräsentiert kulturelle oder subkulturelle Orientierungswerte. Das Konzept des Lebensstils wurde vor allem in die Marktpsychologie aufgenommen, um zu analysieren, welche Verhaltensmuster mit welchen Konsumneigungen verbunden sind.

Kennzeichnungsmerkmale:

(1) Psychographische Merkmale von Konsumenten, z.B. Einstellungen und Motive;

(2) Konsumverhalten: Art und Menge der konsumierten Güter.

Bedeutung: Segmentierungskriterium zur Bildung von homogenen Käufergruppen, die im Rahmen der Zielplanung verwendet werden (Marktsegmentierung).

Life-Style-Segmentierung

Form der Marktsegmentierung, bei der die von den individuellen Lebenszielen abhängigen Lebensgewohnheiten (z.B. Mitgliedschaft in Vereinen, Art der Freizeitgestaltung, Wohn-, Reise-, Lesegewohnheiten u.a.) das Segmentierungskriterium darstellen.

Zugrunde liegt der Gedanke, dass Menschen gemäß etablierten Verhaltensgewohnheiten und Einstellungsmustern leben, die ihre Handlungen und Interessengebiete bestimmen.

Live Communication

Oberbegriff für Kommunikationsinstrumente, die eine persönliche Begegnung und das aktive Erlebnis der Zielgruppe mit dem Hersteller und seiner Marke in einem inszenierten und häufig die Emotionen ansprechenden Umfeld in den Mittelpunkt stellen. Das Zusammenwirken dieser Elemente sowie die direkte und persönliche Interaktion zwischen Hersteller und Zielgruppe sollen zu einzigartigen und nachhaltigen Erinnerungen führen (Markenkenntnis, Einstellung). Zu den Instrumenten der Live Communication zählen vor allem Messen, Showrooms, Events, Promotions und spezifische Formen des persönlichen Verkaufs.

Location-based-Marketing

Vertriebs- oder vermarktungsbezogene Nutzung von Location-based-Services.

Location-based-Services

1. *Begriff:* Location-based-Services sind standortbezogene Dienste, die auf die aktuelle Aufenthaltsposition abgestimmte Informationen zur Verfügung stellen (beispielsweise Restaurants, Tankstellen oder Sehenswürdigkeiten).

2. *Merkmale:* Zur Standortbestimmung wird ähnlich wie bei Navigationsdiensten auf GPS-Daten zurückgegriffen, alternativ kann auch die Funkzelle genutzt werden, in der das Telefon eingebucht ist.

3. *Arten:* Zu unterscheiden ist zwischen reaktiven und proaktiven Diensten:

a) reaktive Dienste: die Angebote müssen durch den Nutzer direkt angefragt werden (beispielsweise Anfrage nach einem griechischen Restaurant in der Umgebung),

b) proaktive Dienste: reagieren automatisch bei Eintritt in eine bestimmte Zone (beispielsweise Freischaltung von Rabattgutscheinen wenn Sie an einem Café vorbeigehen oder in ein Geschäft eintreten).

4. *Gefahren:*

a) Die Veröffentlichung des Standortes lässt natürlich auch andere Nutzer wissen, wo man sich gerade befindet oder auch nicht.

b) Eine Überwachung/Nachverfolgung von Bewegungsprofilen kann nicht ausgeschlossen werden, auch wenn Sie laut deutschem Telemediengesetz theoretisch unterbunden wird.

5. *Dienste:* Foursquare, Google Places oder Facebook Places.

Logo

1. *Begriff:* Visueller Bestandteil der Markierung (Marke) von Produkten. Ein konkretes Logo kann ähnlich einem mnemotechnischen Reiz den Markennamen und sonstige mit der Marke assoziierten Inhalte ins Bewusstsein des Konsumenten bringen, da das Logo leichter verfügbar ist.

2. *Arten:*

(1) *Bildlogos:* Diese können in abstrakte (Zeichenkombinationen, die keinen Bedeutungsinhalt aufweisen) und konkrete (Zeichenelemente, die reale Objekte abbilden) Logos unterteilt werden;

(2) *Schriftlogos.*

3. *Wirkungen:* Konkrete Bildlogos sind den Schriftlogos aufgrund der besseren Verarbeitungs- und Gedächtniswirkung überlegen.

4. *Gestaltungsanforderungen:* Logos sind so zu gestalten, dass sie aktivieren (Aktivierung), Gefallen erzielen, positionierungsrelevante Assoziationen vermitteln, leicht wahrnehmbar (Wahrnehmung) und erinnerbar (Erinnerung) sind.

Loyalty Marketing

Form des Marketings, die langfristige Kundenzufriedenheit und Kundenbindung zum Ziel hat. Die Kunden werden für ihre dauerhafte Treue etwa durch besondere Rabatte, Geschenke, Sonderservices oder Vergünstigungen bei Partnerunternehmen belohnt.

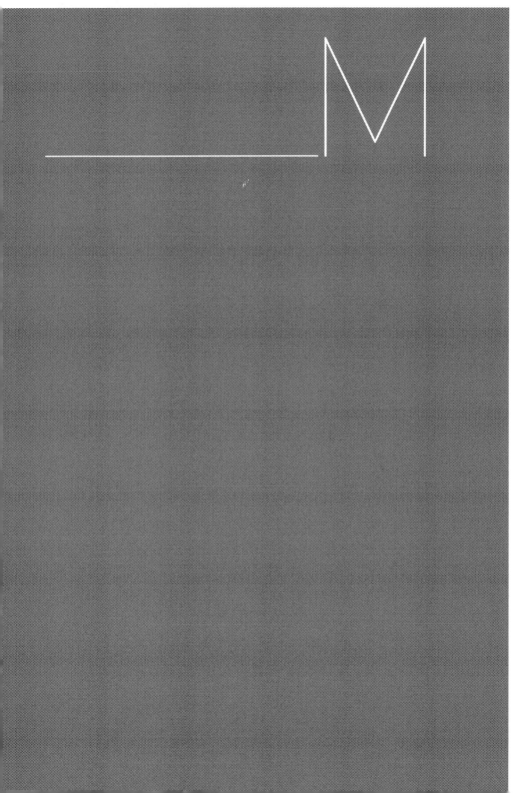

Makro-Marketing

Konzeption zur Gestaltung der Beziehungen zu Nicht-Marktteilneh-
mern und gegenüber der Gesellschaft. Ergänzung des klassischen Marketing durch gesellschaftliche, ökologische und humanitäre Aspekte (Social
Marketing, Societal Marketing). Das Konzept des Makro-Marketing voll-
zieht eine Miteinbeziehung der gesamtgesellschaftlichen Wirkungen im
kommerziellen Marketing allgemein, besonders in die marketingpolitischen Instrumente.

Makrosegmentierung

Erster Teil eines zweistufigen Ansatzes der *Marktsegmentierung* im Inves-
titionsgüterbereich.

Merkmale der Käuferunternehmung bzw. der Einbindung in gesamtwirt-
schaftliche Zusammenhänge als *Segmentierungskriterien:*

(1) direkt beobachtbare Merkmale (allgemein: z.B. Branche, Standort,
    Unternehmensgröße; situationsspezifisch: z.B. Abnahmemenge, Ver-
    wendungshäufigkeit, Kaufklassen);

(2) aus dem Verhalten ableitbare Merkmale (allgemein: z.B. Art der Ent-
    scheidungsregeln; situationsspezifisch z.B. Risikoverhalten).

Eine *Mikrosegmentierung* als zweiter Teil ist nur anzuschließen, wenn das
Ziel der Segmentierung (Bildung von Abnehmergruppen, die intern ein
möglichst ähnliches Kaufverhalten zeigen) durch die gebildeten Makro-
segmente nicht befriedigend erreicht wurde. Sie basiert auf den Merkmalen der einzelnen Mitglieder des Buying Centers (Buyer Segmentation),
z.B. persönliche Charakteristika der Mitglieder, Produktvertrautheit, Einstellungen etc.

Marke

1. *Begriff:* Eine Marke kann als die Summe aller Vorstellungen verstanden
werden, die ein *Markenname* (*Brand Name*) oder ein *Markenzeichen* (*Brand
Mark*) bei Kunden hervorruft bzw. beim Kunden hervorrufen soll, um die

Waren oder Dienstleistungen eines Unternehmens von denjenigen anderer Unternehmen zu unterscheiden.

2. *Merkmale:* Die Vorstellungen werden durch Namen, Begriffe, Zeichen, Logos, Symbole oder Kombinationen dieser zur Identifikation und Orientierungshilfe bei der Auswahl von Produkten oder Dienstleistungen geschaffen. Meffert definiert die Marke als „... Nutzenbündel mit spezifischen Merkmalen, die dafür sorgen, dass sich dieses Nutzenbündel gegenüber anderen Nutzenbündeln, welche dieselben Basisbedürfnisse erfüllen, aus Sicht relevanter Zielgruppen nachhaltig differenziert." Die Definition im Markengesetz orientiert sich an den Zeichen, die ein Vorstellungsbild erzeugen: „Als Marke können alle Zeichen, insbesondere Wörter einschließlich Personennamen, Abbildungen, Buchstaben, Zahlen, Hörzeichen, dreidimensionale Gestaltungen einschließlich der Form einer Ware oder ihrer Verpackung sowie sonstige Aufmachungen einschließlich Farbe und Farbzusammenstellungen geschützt werden, die geeignet sind, Waren oder Dienstleistungen eines Unternehmens von denjenigen anderer Unternehmen zu unterscheiden" (§3 Abs. 1 Markengesetz). Darüber hinaus können aber auch Beziehungen und geographische Herkunftsangaben geschützt werden (vgl. §§ 1 und 5 Markengesetz).

3. *Arten:* Bezogen auf die Markenbreite kann man die Einzelmarke (nur ein Produkt), die Familienmarke (mehrere Produkte), die Firmen- und die Dachmarke sowie die Gattungsmarke unterscheiden.

4. *Absender:* Als Markenabsender gelten der Hersteller (Produzentenmarke), der Händler (Handelsmarke, Eigenmarke, Gattungsmarke), der Dienstleister und der Handwerker.

5. *Funktionen:*

a) *Für den Konsumenten* ist eine starke Marke eine verdichtete Information (Information Chunk), die

(1) Zusatzinformationen (z.B. über die Qualität) liefert und damit das wahrgenommene Kaufrisiko verringert,

(2) Orientierungshilfe innerhalb der vielen Angebote ist,

(3) Vertrauen schafft,

(4) einen emotionalen Anker darstellt, d.h. bestimmte Gefühle und Images vermittelt und

(5) zur Abgrenzung und Vermittlung eigener Wertvorstellungen beiträgt.

b) *Für das Unternehmen* dient eine starke Marke

(1) zur Differenzierung des eigenen Angebots von der Konkurrenz,

(2) als Möglichkeit zur Kundenbindung

(3) als Plattform für neue Produkte (Markenausdehnung),

(4) als Basis für die Lizenzierung,

(5) als Schutz des eigenen Angebots vor Krisen und Einflüssen der Wettbewerber, auch vor Handelsmarken,

(6) zur erleichterten Akzeptanz im Handel.

6. *Bedeutung:* Markenschemata bestimmen, wie Informationen zur Marke aufgenommen, verarbeitet und gespeichert werden. Sie werden zum zentralen Einflussfaktor auf das Kaufverhalten. Außerdem hat die Marke für das Unternehmen vor allem einen hohen Wert, der sich aus den Gedächtnisstrukturen bei den Konsumenten ergibt. Durch die Bekanntheit einer Marke, einer entsprechenden Positionierung und dem integrierten Einsatz der Marketing-Mix-Maßnahmen, können diese Gedächtnisstrukturen aufgebaut und erhalten werden.

7. *Messung:* Kann über die Messung des Markenwertes vorgenommen werden. Der Markenwert kann dabei entweder verhaltenswissenschaftlich oder finanzwissenschaftlich operationalisiert werden.

Markenarchitektur

Anordnung aller Marken eines Unternehmens zur Festlegung der Positionierung sowie der Beziehung der Marken untereinander und der jeweiligen Produkt-Markt-Beziehungen aus strategischer Sicht. Durch die Kombination klassischer Markenstrategien, wie Dachmarken, Familienmarken und Einzelmarken, sind komplexe Markenarchitekturen entstanden.

Markenartikel

1. *Begriff:* Güter, die mit einer Marke von Herstellern (Herstellermarke), Händlern (Handelsmarke) oder Dienstleistern (Dienstleistungsmarke) auf den Markt gebracht werden. Die Markierung hat Herkunfts-, Unterscheidungs-, Schutz-, Garantie- und Werbefunktion gegenüber anonymen Gütern und konkurrierenden Markenartikeln.

2. *Merkmale:* Kennzeichen sind gleichbleibende Qualität (Qualitätssicherheit), eindeutige Identifizierbarkeit, hoher Bekanntheitsgrad und umfassende Marktgeltung. Es wird versucht vor allem die letzten drei durch intensive Verbraucherwerbung zu erreichen.

Markenausdehnung

1. *Begriff:* Die Markenausdehnung kennzeichnet einen Managementprozess, bei welchem die Werte einer etablierten Marke für neue Produkte durch Verwendung eines gemeinsamen Namens und einer gemeinsamen Ausstattung mit dem Ziel der Übertragung positiver Imagebestandteile genutzt werden.

2. *Formen der Markenausdehnung:*

a) Markentransfer (Markenerweiterung, Brand Extension): Ausdehnung des Angebotes einer Marke in eine neue Produktkategorie.

b) Line Extension: Erweiterung des Angebotes einer Marke in einer bestehenden Produktkategorie.

3. *Ziel der Markenausdehnung:* Effizienter, effektiver und schneller Aufbau der Markenstärke des neuen Produktes durch Rückgriff auf eine etablierte Marke.

Markenbekanntheit

Man unterscheidet die ungestützte Markenbekanntheit (die Marke wird genannt, wenn nach den Marken in einem Produktfeld gefragt wird) und die gestützte Markenbekanntheit (die Marke wird vorgegeben und es wird gefragt, ob sie bekannt ist.) Wichtiges Ergebnis beim Werbetracking.

Markenfamilie

1. *Begriff:* Die Führung mehrerer Angebote unter einer Marke.

2. *Vorgehensweise:* Es werden weitere Variationen einer Marke, ausgehend vom Mutterprodukt, angeboten. Die Differenzierung erfolgt durch eine Zusatzbezeichnung oder eine andere Geschmacksrichtung (z.B. Coca-Cola: Coca-Cola Light, Coca-Cola Zero).

3. *Ziele:* Die Angebote profitieren vom Goodwill einer bekannten und am Markt gut eingeführten Marke. Eine Markenfamilie bietet Effizienzvorteile, da positive Ausstrahlungseffekte der Marke für das einzelne bzw. neue Produkt genutzt werden können.

Markenherkunft

1. *Begriff:* Markenherkunft beschreibt die Identifikation der markenführenden Organisation mit einem Raum und/oder einer Institution sowie die Historie einer Marke. Die Markenherkunft ist ein essentielles Merkmal der Markenidentität und prägend für sämtliche Komponenten der Markenidentität. Damit ist die Markenherkunft ein weitreichenderes Konstrukt als Country of Origin.

2. *Ausprägungen:*

a) *Räumliche Markenherkunft:* beschreibt die räumliche Identifikation der markenführenden Organisation mit einem supranationalen (z.B. EU), nationalen (z.B. Deutschland), regionalen (z.B. Rheinland) oder lokalen (z.B. Köln) Raum. Die Markenherkunft ist nicht an reale Standorte (z.B. Produktionsstandort, Unternehmenszentrale) gebunden.

b) *Institutionelle Markenherkunft:* beschreibt die Identifikation einer Marke mit einer Organisation und/oder einer Branche.

c) *Zeitliche Markenherkunft:* beschreibt die Historie einer Marke.

3. *Wirkung:* Die Herkunft einer Marke prägt wesentlich das Markenimage. Nachfrager greifen dabei auf vorhandene Schemata (z.B. Image eines Landes) zurück und übertragen diese auf die Marke. Direkter Einfluss auf den funktionalen und symbolischen Markennutzen sowie die

Markenpersönlichkeit. Im internationalen Marketing ist die räumliche Markenherkunft von besonderer Bedeutung, da Nachfrager internationale Marken stark vor dem Hintergrund ihrer räumlichen Herkunft bewerten.

Markenidentität

1. *Begriff:* Die Markenidentität umfasst diejenigen Merkmale der Marke, die aus Sicht der internen Zielgruppen in nachhaltiger Weise den Charakter der Marke prägen.

a) *Die Markenidentität (brand identity) im engeren Sinne* bringt die wesensprägenden Merkmale einer Marke zum Ausdruck, für welche die Marke zunächst nach innen und später auch nach außen steht bzw. zukünftig stehen soll. Demnach handelt es sich bei der *Markenidentität im engeren Sinne* um ein Führungskonzept, welches sich jedoch erst durch die Beziehung der internen Zielgruppe untereinander sowie deren Interaktion mit den externen Zielgruppen der Marke konstituiert. Mithilfe der *Markenidentität* können demnach die Art der Beziehung der Markenmitarbeiter untereinander und deren Interaktion zu externen Markenzielgruppen erklärt werden.

b) Über die Erklärung des Mitarbeiterverhaltens kann die *Markenidentität im weiteren Sinne* auch als ein Führungsinstrument der Markenführung interpretiert werden, welches zwei Ziele verfolgt:

(1) Die konsistente außengerichtete Kommunikation des Markennutzenversprechens im Sinne einer Soll-Positionierung an allen Brand Touch Points (Berührungspunkte zwischen Nachfragern und Marke) und

(2) die innengerichtete Umsetzung und finale Einlösung dieses Versprechens durch ein adäquates Verhalten aller an der Erbringung der Markenleistung beteiligten Personen.

Markenimage

Ein in der Psyche relevanter Bezugsgruppen fest verankertes Vorstellungsbild von einem Bezugsobjekt. Es bildet den von den Kunden mit einer Marke verbundenen funktionalen und symbolischen Nutzen sowie die mit

der Marke und ihren Kunden bzw. Verwendern assoziierten Eigenschaften
ab. Eine starke Assoziation der relevanten Bezugsgruppe mit der Marke
erzeut u.a. eine höhere Markenerinnerung (Brand Recall). Dem Ist-Image
kann das geplante Soll-Image gegenübergestellt werden. Das Soll-Image
ist eine Zielposition, die im Verhältnis zu den Konkurrenzmarken erreicht
werden soll. Sie entspricht der angestrebten Unique Selling Proposition
(USP).

Markenimagekonfusion

1. *Begriff:* Markenimagekonfusion beschreibt einen Geisteszustand, in dem
der Nachfrager Informationsverarbeitungsprobleme hinsichtlich der Nutzung von Marken bei Kaufentscheidungsprozessen bewusst wahrnimmt.
Die Marken wirken auf den Nachfrager verwirrend, da sie a) als unklar b)
ähnlich bzw. c) nicht glaubwürdig wahrgenommen werden.

2. *Konsequenzen:* Markenimagekonfusion bewirkt, dass der Nachfrager
bei Kaufentscheidungen nicht mehr primär marken-, sondern preisorien-
tiert vorgeht. Eine weitere, häufig zu beobachtende Reaktion auf Markenimagekonfusion ist der Kaufabbruch.

Markenkenntnis

1. *Begriff:* Fähigkeit einzelner Konsumenten, einzelne Marken zu
identifizieren und über sie zu sprechen.

2. *Merkmalsklassen* bei der Kennzeichnung von Marken:

a) *Denotative Merkmale:* Eigenschaften, mit deren Hilfe Käufer einzelne
    Marken unterscheiden und die sie zur Beschreibung einer Marke her-
    anziehen.

b) *Konnotative Merkmale:* Eigenschaften, die Käufer zur Bewertung von
    Marken heranziehen.

3. *Formen der Markenkenntnis:* Die beiden Ausprägungen der Markenkenntnis sind die aktive oder passive Markenkenntnis. Passive Markenkenntnis
bedeutet, dass der Konsument nur in der Lage ist, eine Marke wiederzuer-
kennen, wenn er diese sieht oder den Markennamen hört (auch *gestützte*

Markenbekanntheit). Aktive Markenkenntnis heißt, dass der Konsument in der Lage ist, zu einem bestimmten Produkt- oder Dienstleistungsbereich aus dem Gedächtnis eine Marke zu nennen (auch *ungestützte Markenbekanntheit).*

4. *Funktionen der Markenkenntnis:* Die Markenkenntnis stellt die notwendige Voraussetzung der Entstehung eines Images bei den Konsumenten dar; zudem wirkt sie sich auf die kognitive Komponente der Einstellung und auf das Kaufrisiko aus.

5. *Messung der Markenkenntnis:* Erfolgt durch die Messung des Recalltest oder des Recognitiontest.

Markenmanagement

1. *Begriff:* Markenmanagement bezeichnet die heute oft identifikationsorientierte Präsentation des Leistungsangebots von Organisationen oder Personen, mithilfe verdichteter Vorteilsargumente unterschiedlich akzentuierter Nutzenbündel. Unterschieden werden dabei vor allem die oft kombinierten funktionsorientierte (Marke als Nutzen- und Qualitätsbündel), abgrenzungsorientierte (Marke als Positionierungs- und Differenzierungsmerkmal), identifikationsorientierte (Marken aus Bezugsgruppensicht), systemischen (Marken als selbstreferentielle Organismen) sowie rechtliche Markendefinitionen (Markenzeichen), die zentrale Handlungsfelder des Markenmanagements bilden. Damit umfasst dieses nicht nur die Prägung des Markennamens oder Markenzeichens, sondern beinhaltet auch die Analyse, Herleitung, Formulierung und Einhaltung des Werteversprechens.

2. *Zweck:* Mit Marken verdichten Organisationen zum Teil hochkomplexe Leistungsstrukturen und -prozesse oft auf eine Wort- und/oder Bildmarke als Symbol für ihr Leistungsversprechen gegenüber ihren Bezugsgruppen. So werden mit dem Markenmanagement eine Reihe von Teilzielen verbunden wie die Komplexitätssenkung (vereinfachte Wiedererkennung), Transparenz (Einordnung von Produkten und Diensten), Wiedererkennung (schnellere Auffindbarkeit), Differenzierung (Abgrenzung von ähnlichen

Leistungen), Orientierung (beschleunigte Entscheidungsfindung), Identifikation nach innen und außen (Reflexionsflächen eigener Werte), Vertrau-
ensbildung (erwartbare Leistungen), Loyalität (Kundenbindung), Preissta-
bilisierung (Senkung der Preissensibilität) und andere mehr.

3. *Aspekte:* Unterschieden wird zentral zwischen Unternehmens- und Produktmarken, wobei heute eine Verbreitung des Markenmanagements auf
andere Träger wie Politik, Parteien oder Personen stattfindet. Das Markenmanagement hat sich im Zeitablauf etwa seit den 1980er-Jahren von der
marktorientierten Betrachtung mit der funktionsorientierten Markendefi-
nition und absenderorientierten Denkweise hin zu einer ergänzenden res-
sourcen-, kompetenz- und verhaltensorientierten Betrachtung entwickelt,
indem sie heute normativ die Werte ihrer Zielgruppen widerspiegeln.
Marken werden daher zum Teil als sozialer Wille und Reflexionsfläche
ihrer Markencommunity verstanden. Bemerkenswert ist die hohe Miss-
erfolgsquote von Neumarkeneinführungen, die je nach Untersuchung bei
über 90 Prozent liegt. Umso mehr gelten Markenstrategien als Erfolgspo-
tenzial (Beitrag zur Sicherung des langfristigen Unternehmenserfolgs) im
zunehmenden Wahrnehmungswettbewerb.

4. *Abgrenzung und Instrumente:* Während die Markenanalyse und –bildung
den Prozess des Markenaufbaus kennzeichnet, meint die Markenführung
den umfassenden Prozess zur ganzheitlichen Sinnesansprache einer Markenkommunikation nach innen und außen. Entsprechend wird der Mar-
kenaufbau im Marketing häufig mit Positionierungsprozessen intensiv diskutiert, während die notwendigen Konsequenzen etwa für das unternehmerische Verhalten eher am Rande diskutiert werden, beispielsweise im
Rahmen der internen Public Relations (PR) als Kommunikations- und Ver-
haltensmanagement (Corporate Behaviour). In der traditionellen Markendebatte wird die Markenkommunikation oft mit der Marketingkommunikation wie Werbung verknüpft. Durch die Ausweitung der Markendebatte
ist diese heute als ein Handlungsfeld zu sehen, da sich das Markenmanagement allgemein der strategischen Unternehmenskommunikation
annähert.

Markenpiraterie

1. *Begriff:* Markenpiraterie umfasst die detailgetreue Imitation eines Angebotes, welches unter der illegal verwendeten Marke aber erheblich billiger (und qualitativ schlechter) als das Original angeboten wird.

2. *Mermale:* Das Imitieren bezieht sich vor allem auf den Namen, bestimmte Markenzeichen oder Symbole sowie auf das Design des Produkts und der Verpackung. Technisch bestehen kaum Probleme für Fälschungen aller Art. Neben der direkten Produktnachahmung ist auch die gezielte Markenverwechslung von Bedeutung, indem dem Original zum Verwechseln ähnliche, aber nicht identische Aufmachungen hinsichtlich Markennamen, Designs oder Werbebotschaften verwendet werden.

Markenstrategien

1. *Begriff:* Bedingte, langfristige und globale Verhaltenspläne zur Erreichung der Markenziele.

2. *Ausgewählte Formen:*

a) *Einmarkenstrategie:* Jedes von der Unternehmung im Markt geführte Produkt erhält eine Marke. Jede Marke erhält nach einem sorgfältigen Auswahlprozess im Unternehmen besondere Aufmerksamkeit und ein entsprechendes Budget, das zur Zielerreichung notwendig erscheint.

b) *Mehrmarkenstrategien (Pilzmethode):* In einem Produktbereich werden mehrere Marken in den Markt eingeführt. Gefahr des Kannibalismus-Effekt.

(1) *Markenfamilienstrategie:* Innerhalb einer Unternehmung werden mehrere Familienmarken nebeneinander geführt; hierdurch kann man versuchen, Kunden mit unterschiedlichem Anspruchsniveau zu erreichen. Trotz hoher Produktstandardisierung soll durch getrennte Markenführung (z.B. getrennte Distribution) eine unterschiedliche Markenposition erreicht werden. Kannibalisierungseffekte können nicht ausgeschlossen werden.

(2) *Dachmarkenstrategie:* Sämtliche Produkte einer Unternehmung werden unter einer Marke zusammengefasst *(Schirmmethode).* Durch zusätzliche Produkte unter dem Dach einer Marke ist eine ständige Aktualisierung möglich. Der Käufer fühlt sich in diesen Markenfamilien gut aufgehoben, da er Angebote für seine unterschiedlichen Wünsche auf dem ihm angemessenen Niveau findet. Die Ausweitung des Produktprogramms kann zu einer Konkurrenzverdrängung am Point of Sale (Regalflächenverdrängung) führen.

c) *Markentransferstrategie:* Langfristig aufgebauter Marken-Goodwill von etablierten Marken wird als Grundlage benutzt, um in neue Produktbereiche zu diversifizieren. Voraussetzung dafür ist der Aufbau spezifischer Kompetenz, die vom Kunden wieder erkannt und akzeptiert werden muss, imagemäßige Affinität zur Hauptmarke durch Übereinstimmung sachbezogener Produkteigenschaften (Denotationen) und/oder nicht-sachlicher, emotionaler oder anmutungshafter Produkteigenschaften (Konnotationen).

Markentreue

1. *Begriff:* Markentreue liegt vor, wenn sich nachweisen lässt, dass eine bestimmte Marke mit einer bestimmten Häufigkeit innerhalb einer vorgegebenen Zeitperiode gekauft wird. Mehrfacher Wiederholungskauf einer Marke bzw. eines Markenartikels zeigt eine positive Einstellung des Käufers zu „seiner" Marke.

2. *Messung:*

a) *Kaufreihenfolge-Konzept:* Kaufhäufigkeit derselben Marke innerhalb eines bestimmten Zeitraums bei drei (vier, fünf) aufeinander folgenden Käufen durch einen Konsumenten. Zu unterscheiden:

(1) Ungeteilte Markentreue: Kauffolge AAAA;

(2) geteilte Markentreue: Kauffolge ABBA.

b) *Marktanteilskonzept:* Anteil, den das Volumen (mengen- oder zeitmäßig) der von einem Konsumenten in einer bestimmten Zeitperiode am häufigsten erworbenen Marke am Gesamtvolumen seiner Käufe innerhalb der jeweiligen Produktkapazität hat.

c) *Markenanzahlkonzept:* Anzahl der innerhalb einer Produktkategorie gekauften Marken.

Markenwert

Brand Equity; der Markenwert kann aus finanzwirtschaftlicher und verhaltenswissenschaftlicher Perspektive betrachtet werden. Aus finanzwirtschaftlicher Perspektive stellt sich der Markenwert als Summe der zukünftig durch eine Marke generierbaren Einzahlungsüberschüsse dar. Im Mittelpunkt steht hierbei also eine Quantifizierung des Markenerfolges.

Demgegenüber bezieht sich der Markenwert aus verhaltenswissenschaftlicher Perspektive auf das Ergebnis des, im Vergleich zu den Marketingaktivitäten eines objektiv-funktional identischen Produktes, vorteilhaften Verhaltens der Konsumenten gegenüber den Marketingaktivitäten des markenführenden Unternehmens aufgrund positiver Markenassoziationen. Es steht also, im Gegensatz zu der finanzwirtschaftlichen Perspektive, nicht die quantifizierbare Erfolgsgröße, sondern der Anstoß des Markenerfolges im Fokus der Betrachtung.

Marketing

1. *Begriff:* Der Grundgedanke des Marketings ist die konsequente Ausrichtung des gesamten Unternehmens an den Bedürfnissen des Marktes. Heutzutage ist es unumstritten, dass auf wettbewerbsintensiven Märkten die Bedürfnisse der Nachfrager im Zentrum der Unternehmensführung stehen müssen. Marketing stellt somit eine unternehmerische Denkhaltung dar. Darüber hinaus ist Marketing eine unternehmerische Aufgabe, zu deren wichtigsten Herausforderungen das Erkennen von Marktveränderungen und Bedürfnisverschiebungen gehört, um rechtzeitig Wettbewerbsvorteile aufzubauen. Darüber hinaus besteht eine weitere zentrale Aufgabe des Marketingmanagements darin, Möglichkeiten zur Nutzensteigerung zu identifizieren und den Nutzen für Kunden nachhaltig zu erhöhen.

2. *Erweiterung der Definition:* In den letzten Jahren hat sich diese dominant kundenorientierte Perspektive zugunsten weiterer Anspruchsgruppen des Unternehmens (z.B. Mitarbeiter, Anteilseigner, Staat, Umwelt) erweitert. Diese weite Definition des Marketings stellt die Gestaltung sämtlicher Austauschprozesse des Unternehmens mit den bestehenden Bezugsgruppen in den Mittelpunkt der Betrachtung und betont die Rolle des Marketings als umfassendes Leitkonzept der Unternehmensführung.

3. *Marketingstrategien:* Zur Erreichung der Ziele eines Unternehmens werden Marketingstrategien entwickelt, die operativ mithilfe der Marketing-Instrumente (die sogenannten 4P) umgesetzt werden. Dabei handelt es sich um die Instrumente Produkt-/Leistungs- (Product), Preis- (Price), Kommunikations- (Promotion) und Vertriebspolitik (Place).

(1) Die Produktpolitik umfasst dabei Entscheidungen, die die Gestaltung des Leistungsprogramms eines Unternehmens betreffen. In diesen Bereich fallen z.B. die Analyse, Planung und Umsetzung von Produktveränderungen und Serviceleistungen, die Markenpolitik, Namensgebung sowie die Verpackungsgestaltung.

(2) Im Rahmen der Preispolitik werden die Konditionen festgelegt, unter denen Produkte und Leistungen angeboten werden. Entscheidungsparameter sind z.B. der Grundpreis, Rabatte, Boni und Skonti.

(3) Die Kommunikationspolitik umfasst alle Maßnahmen, die der Kommunikation zwischen Unternehmen und ihren aktuellen und potenziellen Kunden, Mitarbeitern und Bezugsgruppen dienen. Zu diesem Zweck werden z.B. die Kommunikationsinstrumente der klassischen Mediawerbung, Direct Marketing, Verkaufsförderung, Sponsoring, Public Relations (PR), Messen und Events eingesetzt.

(4) Im Rahmen der Vertriebspolitik wird das Absatzkanalsystem gestaltet, um die räumliche und zeitliche Distanz zwischen Unternehmen und Kunde zu überwinden. Dazu wird in der Regel auf verschiedene Absatzmittler, d.h. Händler, zurückgegriffen (indirekter Vertrieb).

Diese aktivitätsbezogene Auffassung versteht Marketing somit als Bündel von marktgerichteten Maßnahmen, die dazu dienen, die absatzpolitischen Ziele eines Unternehmens zu erreichen. Dieses Verständnis hat bis heute seine Bedeutung erhalten.

4. *Integration:* Ein Erfolgsfaktor im Rahmen der Umsetzung einer Marketing-Strategie ist die Integration sämtlicher interner und externer Marketing-Aktivitäten. Dies bedeutet, dass die Aktivitäten der internen Abteilungen, wie z.b. Werbung, Marktforschung, Vertrieb aufeinander abgestimmt und koordiniert werden. Dies gilt gleichermaßen für externe Stellen wie z.b. Werbeagenturen und Absatzmittler. Durch eine integrierte Vorgehensweise können Synergieeffekte erzielt und die Wirkung der Marketing-Maßnahmen erhöht werden. Bei der Ausarbeitung und Umsetzung einer Marketing-Konzeption ist zu beachten, dass entsprechend der jeweiligen Branche und Art einer Leistung spezifische Aufgabenschwerpunkte des Marketings existieren. Diese Besonderheiten werden im Rahmen verschiedener sektoraler Marketing-Theorien berücksichtigt (z.b. Konsumgüter-, Industriegüter-, Dienstleistungs-Marketing, Marketing für Non-Profit-Organisationen). Eine bedeutende aktuelle Entwicklung im Rahmen des Marketings ist in dem Trend zum Relationship Marketing zu sehen. Dieses Konzept betont den hohen Wert langfristiger Beziehungen zu einer Vielzahl von Anspruchsgruppen eines Unternehmens. In diesem Zusammenhang wird vor allem die Bedeutung der Kundenbindung intensiv diskutiert.

Marketing Assessment

Abschätzen der Folgewirkungen von Marketingentscheidungen, die sich in folgenden Schritten vollziehen:

(1) Bestimmung der relevanten Dimensionen der Marketingstrategie,

(2) Abschätzen der Wirkungen der geplanten Marketingstrategie hinsichtlich der zu erwartenden ökonomischen, politisch-rechtlichen, öffentlichen und ökologischen Folgen,

(3) Abschätzen möglicher Rückwirkungen auf das gesamte Unternehmen,

(4) Bewertung der Folgewirkungen,

(5) Formulieren von strategischen Handlungsalternativen (zur Vermeidung erwarteter negativer Folgewirkungen für das Unternehmen).

Marketing Audit

Teilgebiet des Marketingcontrollings. Kontinuierliche, inhalts- und verfahrensorientierte Überprüfung der gesamten Marketing-Management-Entscheidungen; ausgerichtet auf die Früherkennung planungs- und systembedingter Risiken und Fehlentwicklungen im Marketingbereich.

Teile des Marketing Audits: Prämissen-Audit, Verfahrensaudit, Ziel-, Strategien- und Maßnahmen-Audit; Prozess- und Organisations-Audit werden ergänzend zur (ergebnisorientierten) Marketingkontrolle eingesetzt.

Marketingcontrolling

Die Funktion des Marketingcontrollings besteht darin, die Effektivität und Effizienz einer marktorientierten Unternehmensführung sicherzustellen.

Effektivität bezeichnet im weiteren Sinne die Wirksamkeit und somit den Output der Leistungserstellung: Werden vorgegebene Ziele erreicht? Effektivität im engeren Sinne definiert den Wirksamkeitsgrad: Liegt die Zielerreichung über einem vorab formulierten Zielniveau?

Effizienz bezeichnet den Grad der Wirtschaftlichkeit: Eine Maßnahme ist effizient, wenn es zu einem Output/Input-Verhältnis einer Maßnahme keine andere Maßnahme gibt, die ein besseres Verhältnis erzielt.

Marketing-Informationssystem (MAIS)

Zielbezogen strukturiertes System von Regelungen hinsichtlich der Informationsaufgaben und ihrer Träger sowie der Informationswege, Informationsrechte und Pflichten, Methoden und Verfahren der Informationsspeicherung und -verarbeitung; in der Regel computergestützt. Ein Marketing-Informationssystem ist Subsystem des Führungsinformationssystems (FIS).

Ziel: Befriedigung des marketingbezogenen Informationsbedarfs durch zielbezogene Kanalisation, Filterung, Verdichtung, Speicherung und Weitergabe möglichst aussagefähiger und problembezogener, am richtigen Ort und zur richtigen Zeit verfügbarer Informationen, um einem Informationsmangel bei Informationsüberfluss entgegenzuwirken

Komponenten: Daten-, Methoden-, Modellbank (Methoden- und Modellbank in der Praxis seltener) und Kommunikationseinrichtungen.

Marketingethik

1. *Begriff:* Marketingethik beschäftigt sich mit den Werten und Normen des Marketings und seiner gesellschaftlichen Verantwortung. Ansätze der Marketingethik sollen besonders eine Berücksichtigung jener Ansprüche sicherstellen, die nicht über den Markt artikuliert werden.

2. *Ansätze:* Die präskriptive Marketingethik setzt sich mit der Frage auseinander, wie sich Marketingmanager in bestimmten Entscheidungssituationen verhalten sollen. Hierbei wird auf die dem Gesamtverhalten zugrunde liegende Gesinnung (Gesinnungsethik) oder auf die Handlungsfolgen (Verantwortungsethik) abgestellt. Ansätze der deskriptiven und explikativen Marketingethik beschäftigen sich hingegen mit der Beschreibung und Erklärung von Wertorientierungen im Marketing. Inhaltlich werden materiell-ethische und formell-ethische Normen unterschieden. Zu den materiell-ethischen Normen zählen z.B. Verhaltenskodizes im Marketing, ethische Grundsatzkataloge. Sie verdeutlichen, dass Fragen der Marketingethik bereits bei der Festlegung der Unternehmensgrundsätze eine Rolle spielen. Formell-ethische Normen betreffen Entscheidungsmethodiken, die ethisches Handeln fördern. Hier ist die sogenannte Diskurs-Ethik einzuordnen, bei der ein gleichberechtigter Dialog mit allen Betroffenen (Marktteilnehmer, Anspruchsgruppen) Orientierungen für ethisches Unternehmensverhalten liefern soll.

Marketingmanagement

Allgemeine Konzeption der Unternehmungsführung bzw. Unternehmungsphilosophie im Sinn eines konsequent marktbezogenen Denkens.

Marketing ist hier Führungsaufgabe, die sich auf Planung, Steuerung, Kontrolle, Koordination der Unternehmungsaktivitäten im Hinblick auf die Markterfordernisse bezieht.

Marketingorganisation

Marktorientierte, von der Marketingkonzeption beeinflusste Organisation der Unternehmung (Organisationsstruktur). Die Marketingorganisation umfasst alle generellen und dauerhaften Regelungen zur Erfüllung der mit der Teilfunktion Marketing verbundenen Aufgaben.

Gestaltungsfelder:

a) *Entscheidung,* ob überhaupt eine oder mehrere spezielle Organisationseinheiten (organisatorische Einheit) für Marketingaufgaben zu etablieren sind.

b) *Spezielle Marketingeinheiten* können an verschiedenen Stellen in der Unternehmungshierarchie platziert werden, besonders in einem Zentralbereich oder in den Geschäftsbereichen.

c) *Regelung* der Kooperation zwischen den verschiedenen Marketingfunktionen wie Werbung, Marktforschung etc. untereinander sowie zwischen diesen und anderen Funktionsbereichen wie etwa der Neuproduktentwicklung. Je nach Kompetenzausstattung (Kompetenz) kann eine Einheit dabei als Kernbereich, Richtlinienbereich, Matrixbereich, Servicebereich oder Stab ausgeformt werden.

d) Die *Hierarchieebene unterhalb der Marketingleitung* kann z.B. nach verschiedenen Marketingfunktionen, nach Produkten oder nach Märkten (kundenorientierte oder regionale Marktsegmente) gegliedert werden. Zur Auswahl einer Gestaltungsform bedarf es einer Beurteilung der alternativenspezifischen Vor- und Nachteile (organisatorische Effizienz).

Marketingpolitik

Gesamtheit der Ziel- und Maßnahmenentscheidungen zur Gestaltung der marktbezogenen Aktivitäten der Unternehmung.

Ebenen:

(1) *strategische Marketingpolitik:* marketingpolitische Grundsatzentscheidungen über Problemlösungsbereiche, Marktfelder und Basisstrategien;

(2) *operative Marketingpolitik:* konkrete Gestaltung der marketingpolitischen Instrumente im Rahmen der vorgegebenen marketingpolitischen Grundsatzentscheidungen.

Marketingpolitische Instrumente

1. *Begriff:* Bündel der für die Marktbearbeitung einsetzbaren Aktivitäten bzw. Instrumente eines Unternehmens.

2. *Instrumente:*

a) *Leistungspolitik* bzw. Produkt- und Programmpolitik: Bestimmung des Leistungsprogramms als Gesamtheit der Produkte und Leistungen (Dienstleistungen) durch Festlegung der Leistungsarten (Produktionsprogrammbreite) und der Zahl der Varianten innerhalb der Leistungsarten (Produktionsprogrammtiefe); Entscheidung über Produktinnovation, -variation und -elimination; Qualitätspolitik, Standardisierungs- bzw. Individualisierungsentscheidungen, Markenstrategien, Verpackung, Produktgestaltung.

b) *Kommunikationspolitik:* Werbung, Verkaufsförderung, kommunikative Seite des persönlichen Verkaufs, Public Relations.

c) *Distributionspolitik:* akquisitorische und physische Distribution.

d) *Kontrahierungspolitik:* Preis-, Rabatt-, Lieferkonditionen- und Absatzfinanzierungspolitik.

3. Die Kombination der Ausprägungen der zeitraum- und markt- bzw. marktsegmentbezogen eingesetzten marketingpolitischen Instrumente wird als *Marketing-Mix* bezeichnet; die Kombination der Einzelaktivitäten innerhalb eines Instruments (z.B. Kombination von Werbe-, Verkaufsförderungs- und PR-Aktivitäten und der kommunikativen Seite des

persönlichen Verkaufs im Rahmen der Kommunikationspolitik) als *marketingpolitisches Submix.*

Marktabgrenzung

Bestimmung des relevanten Marktes. Einerseits kann dieses auf der Nachfrageseite geschehen, indem man sich die Substitutionsbeziehungen zwischen den Gütern ansieht (Substitutionslücke), andererseits kann es eine technisch-funktionelle Verbundenheit auf der Angebotsseite geben. Problem bei der Bestimmung des Marktanteils bzw. Marktvolumens und Marktpotenzials. Nach Zweckmäßigkeitsüberlegungen wird ein Markt nach sachlichen, räumlichen und zeitlichen Kriterien eingeengt.

Marktdurchdringungsstrategie

1. *Begriff:* Stoßrichtung der Unternehmensaktivitäten, bei der durch Intensivierung des Einsatzes der marketingpolitischen Instrumente der Absatz bereits vorhandener Produkte auf den gegenwärtig bereits bestehenden Märkten erhöht werden soll. Zweck ist die Erhöhung des Marktanteils oder die Vergrößerung des Marktvolumens.

2. *Formen:*

(1) Erhöhung der Verbrauchsintensität bei bestehenden Kunden;

(2) Abwerbung potenzieller Kunden bei Wettbewerbern,

(3) Aktivierung von latentem Bedarf.

Marktnische

Teilmarkt (Marktsegment) des Gesamtmarktes, der durch vorhandene Produkte nicht voll befriedigt wird, weil diese den Vorstellungen der potenziellen Käufer nicht in genügendem Umfang entsprechen.

Nach dem Verhalten der potenziellen Käufer bis zur Einführung eines entsprechenden Produktes zu unterscheiden:

(1) *manifeste Marktnische:* sie verzichten ganz;

(2) *latente Marktnische:* sie weichen auf andere Produkte aus.

Marktsegmentierung

Aufteilung des Gesamtmarktes nach bestimmten Kriterien in Käufergruppen bzw. -segmente, die hinsichtlich ihres Kaufverhaltens oder kaufverhaltensrelevanter Merkmale in sich möglichst ähnlich (homogen) und untereinander möglichst unähnlich (heterogen) sein sollen.

Hauptzweck der Marktsegmentierung ist, Unterschiede zwischen den Käufern aufzudecken, um daraus Schlussfolgerungen für segmentspezifische Marketingprogramme zu ziehen (Kundenstrukturanalyse). Damit ergeben sich zwei *Teilaufgaben:* Es müssen die Marktsegmente definiert *(taxonomische Marktsegmentierung)* und segmentspezifische Strategien entwickelt und implementiert werden *(managementorientierte Marktsegmentierung).*

1. *Markterfassungsstrategien* mithilfe kaufverhaltensrelevanter *Segmentierungskriterien:*

a) Segmentierung nach demografischen (Religion, Geschlecht, Alter, Haushaltsgröße), nach sozio-ökonomischen (Einkommen, Schulbildung, Beruf) und nach psychographischen Kriterien (Lebensstil, Merkmale der Persönlichkeit).

b) Segmentierung nach Kaufverhaltens- und Responsemerkmalen (Käufer, Nichtkäufer, Verhalten bezüglich nichtpreislicher Marketinginstrumente, Preisresponse, Preisbereitschaft, Preissensitivität, Preiseinstellung und Sonderangebotsresponse).

Der Vorteil der Segmentierung nach allgemeinen Käufermerkmalen

(1) liegt in der leichten Messbarkeit der Kriterien, ihr Nachteil ist die relativ geringe prognostische Relevanz bezüglich des tatsächlichen Kaufverhaltens. Bei einer Segmentierung nach Kaufverhaltens- und Responsemerkmalen

(2) werden die unmittelbar relevanten Kriterien für eine Marktsegmentierung zwar direkt erfasst, sind aber relativ schwer beobachtbar und/oder die auf dieser Basis gebildeten Segmente sind nicht gezielt ansprechbar. Deshalb versucht man

(3) von den nach Kaufverhaltensmerkmalen definierten Segmenten Beziehungen zu den allgemeinen Käufermerkmalen herzustellen, um dann die Segmente neu zu definieren. Als statistische Methoden werden dabei vor allem die Regressionsanalyse, die Clusteranalyse, die Diskriminanzanalyse, AID-Analyse und die multidimensionale Skalierung (MDS) herangezogen.

2. *Strategien zur segmentspezifischen Marktbearbeitung:*

a) konzentrierte Marktstrategie: Bearbeitung nur des lukrativsten Segments (Marktnische);

b) differenzierte Marketingstrategie: Bearbeitung mehrerer Segmente;

c) selektiv differenzierte Strategie: Bearbeitung weniger ausgewählter Segmente.

3. *Marktsegmentierung im Investitionsgütermarketing:* Makrosegmentierung.

4. *Marktsegmentierung auf internationaler Ebene:* Internationale Marktsegmentierung.

Marktstruktur

Alle Merkmale, die die Zusammensetzung und das Gefüge eines Marktes beschreiben.

Die Marktstruktur wird bestimmt durch die Zahl der Anbieter und Nachfrager sowie ihrer Marktanteile, Art der Güter, Markttransparenz, Markteintrittsschranken und Marktaustrittsschranken, Marktphase und gegebenenfalls weitere Einflussfaktoren.

Der Ökonom von Stackelberg unterscheidet in Abhängigkeit der Anzahl und Größe auf der Anbieter- und auf der Nachfragerseite die folgenden Marktformen:

a) Ein Markt mit einem großen Anbieter und vielen atomistischen Nachfragern wird als Monopol bezeichnet. Ein Monopson (Nachfragemonopol) liegt vor, wenn einem Nachfrager viele atomistische Anbieter gegenüber stehen. Ein bilaterales Monopol ist eine Marktstruktur mit jeweils einem Anbieter und einem Nachfrager.

b) Steht dem einzigen Anbieter eine überschaubare Anzahl an Nachfragern gegenüber, dann liegt ein beschränktes Monopol vor. Ein beschränktes Monopson ist andererseits eine Marktstruktur mit wenigen Anbietern und einem Nachfrager.

c) Ein Oligopol liegt nach von Stackelberg vor, wenn es wenige Anbieter (Unterscheidung zwischen dem engen und dem weiten Oligopol) mit einer hohen Anzahl an gemessen am Marktanteil kleinen Nachfragern zu tun haben. Ein Oligopson, auch als Nachfrageoligopol bekannt, ist eine Marktstruktur mit wenigen Nachfragern und vielen Anbietern. Bei einem bilateralen Oligopol handelt es sich um eine Marktstruktur mit jeweils einigen Anbietern und Nachfragern.

d) Die für das Modell der vollständigen Konkurrenz wichtige Marktstruktur des Polypols liegt vor, wenn sowohl auf der Anbieter- als auch auf der Nachfragerseite viele unbedeutende Marktteilnehmer vorhanden sind.

4. Marktstruktur dient neben dem Marktverhalten und dem Marktergebnis zur Beschreibung des formalen Aufbaus des Konzepts eines wirksamen Wettbewerbs.

Mass Customization

1. *Begriff:* Prinzip der kundenindividuellen Massenproduktion.

2. *Beschreibung:* Auf Grundlage eines Basisangebotes werden Sach- und Dienstleistungen in einer Vielfalt von Kombinationen angeboten, dass es theoretisch fast jedem Kunden möglich ist, ein seinen Wünschen entsprechendes individuelles Angebot zu erhalten. Der Ansatz ermöglicht eine kundenspezifische Problemlösung ohne dabei auf die Kostenvorteile einer prozessorientierten Massenfertigung zu verzichten. Mithilfe moderner Fertigungsprozesse und intensive Nutzung modernster IuK-Technologien werden die Vorteile der Massen- und Einzelfertigung vereint. Der Kunde kann sich in einer Art Baukastensystem ein individuelles Produkt

zusammenstellen und ist bereit dafür einen Aufpreis zu zahlen. Der Trend zur Mass Customization zieht sich durch alle Branchen – vom Auto bis hin zum Müsli.

3. *Arten:* Es kann zwischen vier unterschiedlichen Umsetzungsmöglichkeiten unterschieden werden:

a) *Self Customization:* Die Produktindividualisierung erfolgt durch den Kunden selbst (Bsp: Standardsoftware, die durch den Nutzer an seine Bedürfnisse angepasst wird).

b) *Point of Delivery Customization:* Individualisierung erfolgt am Verkaufsort.

c) *Modularization:* Das Angebot wird modular auf Basis eines Baukastensystems auf die individuellen Bedürfnisse des Kunden angepasst.

d) *Time based Management:* Kundenindividuelle Produktion mit massenhafter Vorfertigung unter Nutzung von Zeitvorteilen.

Megabrand

Eine überdurchschnittlich starke Marke, die weltweit über ein klares, unverwechselbares Profil verfügt (z.B. Coca Cola, McDonalds, Marlboro) und mit kulturübergreifenden Symbolen globale Präsenz aufgebaut hat. Der Markenwert ist ein essentieller Bestandteil des gesamten Unternehmenswertes.

Megamarketing

Konzeption, nach der die angestammten marketingpolitischen Instrumente durch Instrumente der politischen Einflussnahme (Macht) und der Public Relations (PR) zu ergänzen sind, da nicht nur Marktpartner Adressaten des Marketings sind, sondern auch Bürgerinitiativen, Gewerkschaften, Parteien und andere Interessengruppen.

Meinungsführer

Opinion Leader; Mitglied einer kleineren Gruppe, das einen stärkeren persönlichen Einfluss auf die Gruppe ausübt als andere Gruppenmitglieder.

Der Meinungsführer hat eine Schlüsselstellung in der Gruppe; er entfaltet im Rahmen der persönlichen Kommunikation besondere Aktivitäten und übernimmt durch seinen größeren Einfluss oft Auslösefunktionen für die Meinungen und Entscheidungen anderer. Allgemeingültige Kriterien zur Identifikation von Meinungsführern existieren bislang nicht.

Mobile Marketing

Umfasst alle marketingpolitschen Maßnahmen, die ein Unternehmen unter Einsatz von mobilen Endgeräten einsetzt, um damit das Verhalten von Interessenten und Kunden zu beeinflussen. Hierbei gibt es folgende Einsatzgebiete:

a) mobile Übermittlung von Informationen (u.a. location-based-services)

b) mobile Gewinnung von Informationen,

c) mobiler Verkauf und Übermittlung virtueller Produkte und Dienstleistungen,

d) mobiler Verkauf von realen Produkten und Dienstleistungen.

Motiv

1. *Begriff:* (Höhere) Motive sind zeitlich relativ überdauernde psychische Eigenschaften von Personen. Sie werden im Zug der Sozialisation erworben und bilden ein verhältnismäßig stabiles System.

2. *Komponenten:*

a) *Aktivierende Komponente:* Triebe, die das Verhalten, ausgelöst durch Störung des biologischen Gleichgewichts, aktivieren und lenken (Aktivierung, Emotionen).

b) *Kognitive Komponente:* Bewusster oder willentlicher Prozess der Zielsetzung, der Wahrnehmung und Interpretation von Handlungsalternativen umfasst, d.h. ein bewusstes Anstreben von Zielen; in der Motivationstheorie ist die Zugehörigkeit der kognitiven Komponente umstritten.

3. *Arten:*

(1) „niedere", physiologisch bedingte Motive (angeborene Triebe und Emotionen, z.b. Hunger, Durst, Schlaf, Sexualität);

(2) „höhere" Motive, die erst nach der Befriedigung von Trieben und Emotionen auftreten (z.b. soziale Motive, Selbstverwirklichung).

Weitere Unterscheidung nach Komplexität (Zusammenwirken verschiedener Antriebskräfte) und Konkretheit der Motive.

4. *Bedeutung für Marketing und Werbung:* In erster Linie Beschäftigung mit der aktivierenden Komponente: Durch Gliederung der Konsummotivationen in zugrunde liegende Emotionen und Triebe können Zusammenhänge zwischen Antriebskräften und Handlungsabsichten aufgedeckt werden. Für die Werbung ergeben sich daraus Strategiekonzepte, z.b. Ansprechen und Verstärken der sozialen Motive (u.a. Gruppenzugehörigkeit, Prestige) oder Hervorheben der durch eine Marke möglichen Triebbefriedigung.

5. *Messung:* In erster Linie durch Befragung. Problematisch ist allerdings das Nichtbewusstsein vieler Antriebskräfte und Handlungsabsichten. Deshalb oft auch Einsatz projektiver und nicht verbaler Befragungsmethoden.

Motivation

Zustand einer Person, der sie dazu veranlasst, eine bestimmte Handlungsalternative auszuwählen, um ein bestimmtes Ergebnis zu erreichen und der dafür sorgt, dass diese Person ihr Verhalten hinsichtlich Richtung und Intensität beibehält. Im Gegensatz zu den beim Menschen begrenzten biologischen Antrieben sind Motivation und einzelne Motive gelernt bzw. in Sozialisationsprozessen vermittelt. Der Begriff der Motivation wird oft auch im Sinn von Handlungsantrieben oder Bedürfnissen verwendet.

Nachhaltigkeitsmarketing

1. *Begriff:* Spezifische Ausrichtung des Marktingansatzes an dem normativen Leitbild der nachhaltigen Entwicklung. Nachhaltigkeitsmarketing wird auch als Weiterentwicklung des Ökomarketings verstanden. Nachhaltigkeitsmarketing setzt die Einbeziehung ökologischer und sozialer Ziele bei der Gestaltung von Markttransaktionen voraus. Es umfasst die Planung, Koordination, Durchsetzung und Kontrolle aller markt- und nichtmarktbezogenen Transaktionsaktivitäten zur Vermeidung oder Verringerung ökologischer und sozialer Probleme, um über eine dauerhafte Befriedigung der Bedürfnisse aktueller und potenzieller Kunden, unter Ausnutzung von Wettbewerbsvorteilen und bei Sicherung der gesellschaftlichen Legitimität die angestrebten Unternehmensziele zu erreichen.

2. *Merkmale und Besonderheiten:*

a) Die nachhaltige Entwicklung stellt ein auf Handlungsprinzipien gestütztes Leitbild dar, das bei verschiedenen Stakeholdern weltweite Verbreitung gefunden hat. Hierdurch erlangt die Auseinandersetzung mit dem Leitbild auch für das kommerzielle Marketing eine besondere Bedeutung (internationaler stakeholderübergreifender Orientierungsrahmen).

b) Integrationserfordernis von ökonomischen, ökologischen und sozialen Zieldimensionen in das Unternehmenszielsystem erfordert auch für das Marketing, die Transaktionsbeziehungen auf der Grundlage eines erweiterten Zielkataloges zu gestalten. Mit der Ausweitung des Zielkataloges erweitert sich auch das Feld der proaktiv zu berücksichtigenden Zielgruppen bzw. Stakeholder (Integrationserfordernis).

c) Die Forderung nach Verteilungsgerechtigkeit führt zu einer expliziten Auseinandersetzung mit Nachfragern (sozialschwache und arme Bevölkerungen), die bisher keinen Zugang oder keine Ressourcen zur Durchführung von Transaktionen haben (Kapazitätsproblem).

d) Die Forderung nach intergenerativer Verteilungsgerechtigkeit führt zu einer Abschätzung der Transaktionsfolgen für jene, die bisher noch nicht als Nachfrager auf den Märkten ihre Bedürfnisse und Ansprüche artikulieren können (Gratifikationsproblem).

Nachzügler

Gruppe von Adoptoren, die ein neues Produkt erst in einer sehr späten Phase des Lebenszyklus kaufen. Nachzügler sind häufig traditionsorientiert und wenig risikobereit.

Neuroökonomik

Forschungsansatz, dessen Gegenstand in der systematischen Integration neurowissenschaftlicher Theorien, Methoden und Erkenntnisse in die ökonomische Forschung und Praxis besteht.

Nischenstrategie

Fokussierungsstrategie; Angebot eines auf die spezifischen Probleme der potenziellen Nachfrager einer Marktnische zugeschnittenen Leistungsangebots und ein darauf abgestimmter Einsatz der anderen marketingpolitischen Instrumente.

Zweck: Abschirmung vor der Konkurrenz und besonders intensive Ausschöpfung der Marktnische.

No Names

Weiße Produkte, Gattungsprodukte, Generics, Produits Libres; vom Handel ohne differenzierenden Markennamen, nur mit dem Aufdruck der Warengattung (Gattungsmarke) vertriebene Waren, z.B. Zucker, Mehl, Waschpulver. Durch einfache, einheitliche Verpackung und Verzicht auf Werbung sollen Marketingkosten eingespart und ein Sortimentsausschnitt einfacher Konsumgüter preisgünstig angeboten werden. Die niedrigen Preise sollen die No Names günstig von den preislich höher liegenden Markenartikeln abheben und die Preiskonkurrenz der Discountgeschäfte und Fachmärkte abwehren.

Ökomarketing

Umweltschutzmarketing, ökologieorientiertes Marketing; eine Ausprägung
des Societal Marketings mit dem Ziel, bei der Planung, Koordination,
Durchsetzung und Kontrolle aller marktgerichteten Transaktionen eine
Vermeidung und Verringerung von Umweltbelastungen zu bewirken, um
über eine dauerhafte Befriedigung der Bedürfnisse aktueller und potienzi-
eller Kunden unter Ausnutzung von Wettbewerbsvorteilen und bei Sicherung der gesellschaftlichen Legitimität die angestrebten Unternehmensziele zu erreichen. Das Ökomarketing kann als Vertiefung (Deepening)
des kommerziellen Marketings angesehen werden, bei der neben der
Abnehmer- und Wettbewerbsorientierung ökologische und ethische Entscheidungskriterien ergänzend Berücksichtigung finden.

One-to-one Marketing

Marketingkonzept, bei dem im Gegensatz zum Massenmarketing die einzelne Kundenbeziehung im Mittelpunkt der Betrachtung steht. Im Rahmen des E-Commerce ergeben sich dabei neue Potenziale für das One-to-
one Marketing, da durch den Einsatz moderner Informations- und Kom-
munikationstechnologien (z.B. E-Mail oder Internet) eine individualisierte
Kundenansprache und damit eine zielgenaue Gestaltung der angebotenen
Produkte und Dienstleistungen mit relativ geringem Aufwand möglich ist.

Onlinemarketing

Eine Form der interaktiven Ausrichtung der Marketing-Instrumente durch
den Einsatz vernetzter Informationssysteme (z.B. Telefon, Internet). Mit
Onlinemarketing ist neben der Interaktivität auch die Möglichkeit gege-
ben, zeitlich synchron die Marketinginstrumente auf die Kundenbedürf-
nisse auszurichten.

Opponenten

Im Kontext des Promotoren-Modells (Fachpromotor, Machtpromotor)
leisten Opponenten im Rahmen des organisationalen Kaufverhaltens
Widerstand gegen eine Kaufentscheidung. In einer weiteren Auffassung

treten Opponenten unterschiedlichsten Interaktionen zwischen Organisationen entgegen. Opponenten können z.b. in Unternehmen einerseits Verhinderer notwendiger, positiver Aktivitäten, andererseits Bewahrer vor negativen Entwicklungen sein.

Outpacing

Aufgrund wettbewerbsstrategischer Überlegungen erfolgende Modifikation der Unternehmenstrategie. Die Zunahme der Anzahl der Anbieter auf einem Markt kann Unternehmen, die präferenz-strategisch agieren, zu Preisanpassungen nach unten veranlassen; umgekehrt nehmen Kostenführer aufgrund von Marktveränderungen Qualitätsanpassungen nach oben vor.

Partizipationseffekt

Bezeichnung für den Tatbestand, dass jede zusätzliche Produkt- oder Ausführungsart eines Anbieters Absatzmengen von Konkurrenzanbietern abzieht. Produktdifferenzierung löst infolge des Partizipationseffekts eine akquisitorische Wirkung aus.

Peer Group

Soziale Gruppe von gleichaltrigen Jugendlichen, in der das Individuum soziale Orientierung sucht und die ihm als Bezugsgruppe dient. Peer Groups haben eigene Werte, Einstellungen und Verhaltensweisen. Diese sind geprägt durch Unabhängigkeit von den Werten und Erwartungen der Erwachsenen.

Peer Groups weisen jedoch eine starke Konformität gegenüber den Verhaltensnormen der eigenen Gruppe aus und akzeptieren die Führungsrolle von Meinungsführern. Die Zugehörigkeit zu Peer Groups bestimmt entscheidend das Konsumverhalten der Jugendlichen.

Penetration

1. Durchdringung eines Marktes oder einer Verbrauchergruppe mit Informationen oder Produkten.

2. In der *Werbewirkungsmessung* (Werbewirkung) die Erinnerung der Verbraucher an eine bestimmte Produktwerbung, gemessen als Quotient aus der Zahl der Werbeerinnerer und der Zahl der Werbegemeinten (Bekanntheitsgrad).

3. Im Zusammenhang mit *Neuprodukteinführungen* zur Prognose des zu erwartenden Marktanteils des neuen Produktes innerhalb eines bestimmten Zeitraums. Hier ist die Penetration der Anteil der Käufer des Produkts an den Käufern der Warengruppe, gemessen seit der Markteinführung des Produkts. Die Penetration eines Produktes kann durch Preissenkungen und/oder Werbemaßnahmen beschleunigt und verstärkt werden.

Podcast

1. *Begriff:* Audio- und Videobeiträge, die über das Internet zu beziehen sind. Bei dem Begriff Podcast handelt es sich dabei um ein Kunstwort, welches sich aus Pod für „play on demand" und cast, abgekürzt vom Begriff Broadcast (Rundfunk), zusammensetzt.

2. *Merkmale:* Unter Nutzung aktueller Technologien vergleichsweise einfach zu produzieren. Es können aber auch extrem aufwendige Produktionen entstehen. Podcasts können über verschiedene Feed-Formate abonniert werden (beispielsweise RSS-Feed).

3. *Arten:*

a) Video-Pdocast,

b) Audio-Podcast.

Politmarketing

Integrative Kombination von Nonprofit Marketing und Social Marketing. Eine politische Partei ist eine Nonprofit-Organisation (NPO); sie versucht, in Konkurrenz mit anderen die politische Macht in einem politischen System auf Zeit zu erringen. Die Ideen- und Interessenvertretungen sind die Dienstleistungen einer Partei.

Zur Erreichung des politischen Einflusses beinhaltet das Polit-Marketing eine bestmögliche *Ausgestaltung der marketingpolitischen Instrumente:*

(1) *Produktpolitik:* Die Ideen- und Interessenvertretungen thematisieren sich im Parteiprogramm. Dieses wird durch die Parteipolitiker und -funktionäre personalisiert.

(2) *Preispolitik:* Man findet monetäre Preise wie Ämterabgaben, Mitgliederbeiträge oder Parteisteuern. Neben diese treten bei Parteimitgliedern nicht-monetäre Preise wie Zeit (Verteilung von Wahlmaterial), Engagement oder Verzicht.

(3) *Distributionspolitik:* Die Außendienstorganisation (Freiwillige, Stände u.a.), Mittler (Freunde u.a.), Ortsparteien und Parteisekretariate sind wesentliche Gestaltungselemente.

(4) *Kommunikationspolitik:* Die primären Aufgaben einer Kommunikationspolitik sind: Informationen (Aktivitäten, Programme u.a.), Imagebildung bzw. -korrektur (Glaubwürdigkeit, Transparenz u.a.) und Verhaltensänderungen (Spende, Stimme u.a.). Die folgenden Instrumente dienen der Erreichung dieser Ziele: Direktwerbung, Messe, persönlicher Verkauf, Public Promotion (People Placement, Sponsoring), Public Relations (PR) und Werbung.

Preismanagement

Analyse, Planung, Festlegung, Durchsetzung und Überwachung von Preisen und Konditionen (Konditionensystem). Das Preismanagement soll zur Erreichung der Marketing- und letztlich der Unternehmensziele (z.B. Gewinnmaximierung) durch das Setzen (gewinn-)optimaler Preise und Konditionen beitragen. Die Aufgaben des Preismanagements werden entweder von speziellen Preismanagern übernommen oder sind Teilaufgaben der Marketingmanager. Zentraler Bestandteil ist der Preisprozess.

Produktexpansionsstrategie

1. *Begriff:* Internationale Produktstrategie, Einführung eines unveränderten Produkts in einen neuen Ländermarkt; andere marketingpolitische Instrumente können länderspezifisch differenziert werden.

2. *Formen:*

a) *Expansion zur Kapazitätsauslastung:* Dient vornehmlich der Auslastung kurzfristig freier Produktkapazitäten oder dem Abbau überschüssiger Lagerbestände bei Nachfragerückgang im Heimatmarkt. Da ihr eine überwiegend inlandbezogene Einstellung zugrunde liegt und keine systematische Bearbeitung internationaler Märkte erfolgt, ist sie mit einer exportorientierten Einstellung der Unternehmensführung kaum vereinbar.

b) *Country-by-Country-Verfahren:* Ein unverändertes Produkt wird sukzessive in einem neuen Ländermarkt nach dem anderen eingeführt.

c) *Gleichzeitige Expansion:* Gleichzeitige Einführung eines undifferenzierten Produkts in verschiedene Ländermärkte ist wegen des damit verbundenen hohen Risikos selten, nur bei wenigen Produkten möglich und bedarf intensivster Planung und Koordination.

Produktfamilie

1. *Begriff:* Im Absatz komplementär miteinander verbundene Produkte. Im Mittelpunkt steht dabei das Denken in Verwendungszusammenhängen aus Sicht des Kunden (z.B. Pflegeserien bei Kosmetika). Der Vertrieb erfolgt meist unter Anwendung einer gemeinsamen Marke (Dachmarke), sogenannte Markenfamilie.

2. *Ablauf:* Bei der Konzeption einer Produktfamilie sind vier Parameter festzulegen:

a)   Art der Komplementarität,

b)   Intensität der Produktverbundenheit bei der Produktnutzung und beim Produktverkauf,

c)   relativer Rang der Produkte in der Produktfamilie und

d)   Definition der Dimensionen der Produktfamilie in Breite und Tiefe.

Public Relations (PR)

Man kann Public Relations aus vielen Perspektiven betrachten: sehr weit gefasst als jedwede Art interessensgeleiteter Kommunikation gegenüber Öffentlichkeiten, enger als Form der Organisationskommunikation oder gar als Teil eines sozialen Systems, in dem der PR die Rolle der friedlichen Konfliktbewältigung durch einen professionell organisierten Austausch der Meinungen zufällt.

Der Begriff drängt mit dem Beginn des 20. Jahrhunderts ins öffentliche Bewusstsein. PR wird zunächst als Möglichkeit der Steuerung von Massen verstanden. Als Basis dienen die Theorien von Sigmund Freud. In den USA werden in den 1910er- und 1920er-Jahren die ersten großen PR-Kampagnen im modernen Sinne umgesetzt. Vor allem der deutsche Nationalsozialismus erkennt das Potenzial und setzt die US-amerikanischen

Erkenntnisse im Rahmen seiner politischen Propaganda konsequent ein. Bis in die 1980er-Jahre bleibt die Theoriebildung vor allem Berufspraktikern überlassen. Mit Grunig/Hunt (1984) in den USA, die PR als „management of communication between an organisation and its publics" beschreiben und Ronneberger/Rühl (1992) in Deutschland entstehen erstmals wissenschaftliche Theorien.

PR dient heute als professionell gestaltete Auftragskommunikation vor allem der Wahrung der Interessen der Auftraggeber im Markt der Meinungen. Dazu werden die eigenen Positionen definiert, Meinungen untersucht, Interessens- und Anspruchsgruppen lokalisiert, Informationen zielgruppenspezifisch aufbereitet und mit ausgewählten Kommunikationsmitteln von der Pressemitteilung über Blogs und Social Networks bis zum Hintergrundgespräch mit Journalisten ins öffentliche Bewusstsein gehoben. Dabei können Unternehmen, Produkte, Ideologien aber auch Menschen im Vordergrund der PR-Tätigkeit stehen.

Als Kernkompetenzen gelten der gute Kontakt zu Multiplikatoren (z.B. Journalisten, Blogger), ein ausgeprägtes Sprachverständnis, Konzeptionsstärke und ein hohes Maß an Kreativität, mit der die gewählten Themen im Wettbewerb um Aufmerksamkeit ins öffentliche Bewusstsein gehoben werden können.

Pull-Strategie

Absatzstrategie von Herstellern mit mehrstufigem Absatzweg (z.B. bei Markenartikelindustrie und industriellen Grundstoff- und Teileherstellern). Mittels Kommunikationspolitik besonders gegenüber dem Letztverbraucher sowie Marken- und Markierungspolitik soll bei den zwischengeschalteten Absatzstufen ein Nachfragesog nach den Erzeugnissen des Herstellers erzeugt werden; die Position als In-Supplier bei den Abnehmern wird gestärkt. In der Regel mit der Push-Strategie kombiniert.

Push-Strategie

Forcierung des „Angebotsdrucks", d.h. verstärkter Einsatz der marketing-politischen Instrumente gegenüber dem bedürftigen Abnehmer mit dem Ziel, den Absatz zu erhöhen.

Anwendung als *Verdrängungsstrategie* bei Out-Supplier-Position, als *Expansionsstrategie* bei In-Supplier-Position (In-Supplier) bei direktem und indirektem Vertrieb. Häufig Kombination mit Pull-Strategie.

Rating

Rating ist eine Methode zur Einstufung von Sachverhalten, Gegenständen oder Personen. Meist wird unter Rating das Ergebnis des Beurteilungsverfahrens verstanden. Ratings werden u.a. im Bereich des Finanz- und Bankwesens, der Soziologie und Psychologie sowie im Marketing eingesetzt.

Reizschwelle

Größe, ab der Reize überhaupt erst wahrgenommen werden. Die Wahrnehmungsintensität nimmt bei einer Verstärkung des Reizes nicht zu. Das bedeutet, dass bei einer zunehmenden Reizüberflutung (Information Overload) eine immer höhere Reizdosierung notwendig ist, um die Wahrnehmung bei den Empfängern zu gewährleisten.

Relevant Set

Auswahl von Produkten bzw. Marken im Bewusstsein eines Konsumenten. Der mehrstufige Selektionsprozess beginnt mit allen verfügbaren, setzt sich fort mit den bekannten, vertrauten und akzeptierten und endet mit den präferierten Produkten bzw. Marken.

Responsefunktion

Response Function, Wirkungsfunktion; Beziehung zwischen beliebig vielen Marketingvariablen (z.B. Preis, Kommunikation, Distribution) und dem Response (Antwort), den die Marketingvariablen bei Konsumenten und Nachfrager auslösen. Unabdingbare Voraussetzung für rationale Marketingentscheidungen.

Messung: Die Responsefunktion kann in tabellarischer, grafischer oder mathematischer Form beschrieben werden. Der Response (abhängige Variable) wird oft in Form von absoluten oder relativen Absatzmengen oder Marktanteilen gemessen, sodass die Responsefunktion Auskunft gibt über Art und Stärke der Wirkung verschiedener Marketingvariablen auf den Absatz und/oder Marktanteil eines Produktes; die Wirkung kann nicht direkt oder indirekt über andere Marketingvariable erfolgen.

Retention Marketing

In umkämpften und gesättigten Märkten kann es für ein Unternehmen Gewinn bringender sein, die Beziehungen zu bestehenden Kunden zu intensivieren, als Neukunden zu akquirieren.

Im Zentrum des Retention Marketings stehen die profitablen Kunden. Der Kundenstamm eines Unternehmens wird unter Rentabilitätsgesichtspunkten analysiert und bewertet. Es werden profitable Kunden(gruppen) identifiziert und innerhalb dieser anhand von Kaufverhaltensaspekten möglichst homogene Segmente gebildet. Mittels spezifischer Marketingmaßnahmen soll versucht werden, für das Unternehmen bedeutende Kunden(gruppen) durch eine intensive Pflege der Beziehungen langfristig an das Unternehmen zu binden (Relationship Marketing).

RSS-Feed

1. *Begriff:* Möglichkeit für den Kunden, sich regelmäßig über neue Informationen auf einer Webseite informieren zu lassen. RSS steht dabei für „Really Simple Syndication" und stellt Inhalte einer Website und/oder deren Änderungen in einer standardisierten, maschinenlesbaren Form bereit.

2. *Merkmale:* Die Feeds (abgeleitet von „to feed" = füttern) bestehen häufig nur aus

a) einer Schlagzeile,

b) können aber auch mit einem kurzen Textauszug und einem Link zur jeweiligen Originalseite erweitert werden oder

c) sie können die kompletten Inhalte umfassen (Volltext-RSS).

Eingelesen und angezeigt werden die RSS-Feeds über einen Feedreader, der für den Nutzer als Aggregator für Informationen über Neuigkeiten von unterschiedlichen Webseiten dient. Der Feedreader führt fortlaufend alle Änderungen zusammen und stellt so sicher, dass der Nutzer über Änderungen informiert ist, auch wenn er die Webseite selbst nicht fortlaufend besucht.

Rückzugsstrategie

1. *Begriff:* Marktaustritt; Exit-Strategie; im Gegensatz zur Wachstumsstrategie kennzeichnet die Rückzugsstrategie einen teilweisen (regionalen) oder totalen Rückzug von Produkten bzw. Dienstleistungen oder ganzen Geschäftsbereichen vom Markt. Die Gründe für einen Marktaustritt können in stagnierenden, schrumpfenden oder erfolglos bearbeiteten Märkten liegen. Schrumpfende Marktvolumia können auslaufende Technologie- und Produktlebenszyklen ankündigen und erfordern eine „Stay-or-Exit-Entscheidung", durch die gegebenenfalls frühzeitig die Marktaustrittsbarrieren gesenkt werden.

2. *Ausgestaltungsformen:* Im Rahmen von Marktaustrittsstrategien stehen unterschiedliche Optionen zur Wahl:

(1) Abschöpfungsstrategie mit schrittweisem Rückzug;

(2) sofortige Beendigung der Geschäftsaktivitäten;

(3) Verkauf des Geschäftsbereiches.

Selling Center

Multipersonales Verkaufsgremium auf der Anbieterseite; umfasst die anbieterseitigen Gesprächspartner der Rollen- und Funktionsträger im Buying Center der nachfragenden Unternehmung.

Multiorganisationale Selling Center entstehen durch Bildung von Anbietergemeinschaften, speziell im internationalen Anlagen- und Systemgeschäft.

Service

1. *Begriff:* Service hat in den Wirtschaftswissenschaften mehrere Bedeutungen.

(1) Aus dem Englischen übersetzt steht „Service" für einen Dienst, den jemand freiwillig leistet.

(2) Service kennzeichnet darüber hinaus die nicht-produktualisierte (Wirtschafts-)Leistung, die

(a) entweder die Kernleistung eines Unternehmens darstellt (Dienstleistungsunternehmen) oder

(b) die erstellten Produkte als Zusatzleistung unterstützt wie z.B. der Pre- und Aftersalesservice als Dienstleistung für Produkte vor und nach dem Gütererwerb. Hinzu kommt der Kundendienst, mit Services für erworbene Produkte wie etwa die Wartung oder Pflege. Volkswirtschaftlich ist mit diesem Service-Begriff die Dienstleistungsgesellschaft angelegt, der hierzulande den Wandel des Standorts mit der Tertiarisierung kennzeichnet.

(3) Eine weitere Service-Kennzeichnung meint die von Kunden erlebte Serviceleistung als Momente der besonderen Aufmerksamkeit eines Unternehmens.

2. *Ziele:* Herkömmliches Service-Management knüpft meist an (2b) und umfasst im Wesentlichen die Definition von Service-Standards mithilfe von Service-Routinen, um Kunden entweder die Verfügbarkeit der

Kernleistung zu gewährleisten oder mit Zusatzdiensten den Markterfolg der Kernleistung zu unterstützen.

3. *Aspekte:* Problematisch ist, dass die leistungsabhängige Servicekennzeichnung (1) und/oder planungsbezogene Definition von Service (2) nicht mit der Wahrnehmung und Erwartung von Kunden gemäß Definition (3) übereinstimmen muss. Vielmehr setzen diese gegebenenfalls die Einhaltung vereinbarter Service-Vereinbarungen sogar voraus, sodass diese nichts mehr mit erlebten Service-Momenten im Sinne der Definition (3) zu tun haben müssen. In Zeiten gesättigter Märkte und globalisiertem Wettbewerb sind solche Service-Momente aber wichtige Merkmale zur Abgrenzung auf Märkten und können die Unique Value Proposition als hervorstechendes Verkaufsversprechen prägen. Vom Kunden stetig erlebbare Servicemomente sind abhängig von der Unternehmenskultur. Paradoxerweise ist es möglich, dass ein Unternehmen mit seiner nicht-produktualisierten Kernleistung als Dienstleister (z.B. ein Telekommunikationsunternehmen) gemäß Definition 1 gilt, umfangreichen Kundendienst sowie Pre- und Aftersalesservices erbringt (z.B. mithilfe von Service-Level-Agreements, also vereinbarten Service-Standards, wie etwa die definierte Verfügbarkeit von Netzwerkressourcen), aber von Kunden dennoch nicht als service-orientiert wahrgenommen wird.

Servicebrand

Marke für eine Dienstleistung. Da es sich bei der Dienstleistung um ein abstraktes Leistungsangebot handelt, stellt die Qualitätsunsicherheit, die ein Wesensmerkmal des Markenartikels ist, eine noch größere Herausforderung an den Anbieter dar.

Shopping Goods

Erklärungsbedürftige Güter des periodischen oder aperiodischen Bedarfs, für deren Erwerb der Konsument in der Regel bereit ist, Beschaffungsanstrengungen auf sich zu nehmen, z.B. weite Einkaufswege, umfassende Preisvergleiche (Gebrauchsgüter). Shopping Goods sind z.B. Möbel,

Filmkameras, modische Kleidung, bestimmte Champagner- oder Kosmetikmarken.

Smart Shopper

Qualitätsbewusster, informierter Käufer, der maximale Qualität zu niedrigstem Preis nachfragt. Die Smartheit resultiert aus zunehmendem Wissen über Preise und Leistungen mit dem Ziel einer Bescheidenheit auf höchstem Niveau.

Social Branding

1. *Begriff (Definition):* Social Branding umfasst alle konkreten Maßnahmen zum Aufbau und zur Pflege von Marken, die sich sozialer Interaktionen und der technischen Möglichkeiten des Web 2.0 bedienen.

2. *Merkmale:* Social Branding zeichnet sich durch drei Merkmale aus:

a) Nutzung der technologischen Möglichkeiten des Web 2.0 für die Markenführung;

b) regelmäßige, markenkonforme Interaktionen mit den Nutzern sozialer Medien);

c) Förderung der Erstellung positiver und markenrelevanter Inhalte durch Nutzer sozialer Medien, gegebenenfalls durch Vernetzung der Nutzer und Aufbau von Brand Communities (Brand Community).

3. *Ziele:* Die Nutzer sozialer Medien sollen sich zu treuen und bekennenden Markenbotschaftern entwickeln, die den Bekanntheitsgrad der Marke erhöhen (Markenbekanntheit) und ihr Image glaubwürdig stärken.

4. *Herausforderung:* Die Nutzer sozialer Medien müssen Vertrauen in die Marke fassen. Hierzu müssen in der Markenkommunikation vier Ebenen beachtet werden:

a) Appelebene: offene und nicht manipulative Ansprache der Nutzer sozialer Medien;

b) Sachebene: Aussand glaubwürdiger, relevanter und einprägsamer Markenbotschaften;

c) Selbstkundgabe: authentische, aufrichtige, interessante, kompetente, kultivierte und robuste Markenpersönlichkeit;

d) Beziehungsebene (Relationship Marketing): interessierter, wertschätzender und respektvoller Umgang auf Augenhöhe mit den Nutzern sozialer Medien.

5. *Implementierung*: Bei der Implementierung des Social Branding sind drei Aspekte hervorzuheben:

a) Aufbau eines technologischen Grundverständnisses zu den Möglichkeiten und Grenzen des Web 2.0 bei Managern und Mitarbeitern;

b) Aufbau von Markenwissen und -commitment (Markencommitment) bei Managern und Mitarbeitern zwecks Sicherstellung markenkonformer Aktivitäten im Web 2.0;

c) Aufbau von Interaktionskompetenzen bei Managern und Mitarbeitern zwecks Sicherstellung einer glaubwürdigen und professionellen Markenkommunikation im Web 2.0.

Social Marketing

1. Begriff: Gebrauch von Marketingtechniken mit dem Ziel, eine Zielgruppe dahingehend zu beeinflussen, dass diese freiwillig ein Verhalten akzeptiert, ablehnt, verändert oder aufgibt. Dies geschieht zum eigenen Wohl, zum Wohl für bestimmte Personengruppen oder zum Wohl der Gesellschaft als Ganzes.

2. Abgrenzung zum Nonprofit-Marketing:

a) Sozialmarketing stellt eine eigenständige fachlich-inhaltliche Disziplin dar.

b) Das Sozialmarketing weist zwar Schnittstellen und Überschneidungen mit dem Nonprofit Marketing auf, dennoch ist es nicht auf Nonprofit-Organisationen (NPO) begrenzt: Auch die öffentliche Hand kann eine Sozialmarketing-Kampagne oder -Botschaft durchführen.

c) Im Kontext des Sozialmarketing stehen nicht nur andere Instrumente bzw. Beeinflussungstechniken (beispielsweise Humor oder

Abschreckung) im Vordergrund, sondern es wirken auch andere Mechanismen auf Seiten der Adressaten von Sozialmarketing-Kampagnen.

Specialty Goods

Höherwertige, teure Waren, die nur selten gekauft werden.

Spillover-Effekt

Beeinflussung von Image und Bekanntheitsgrad eines Objekts (in der Regel Produkt oder Produktgruppe) durch ein anderes Objekt und dessen Image (Partizipationseffekt). Denkbar sind positive (Spillover-Effekt im engeren Sinne) und negative Wirkungen.

Beispiele: Positive (negative) Wirkung des Images eines Landes oder einer Branche auf ein Produkt, positive Wirkung eines Produktes eines Produzenten mit hohem Bekanntheitsgrad (evtl. Marktführer) auf ähnliche Konkurrenzprodukte; positive Wirkung eines (positiven) Corporate Images (Corporate Identity); positive (negative) Wirkung des Produktes A eines Produzenten auf ein Produkt B desselben Produzenten (Umbrella-Effekt, Kannibalismus-Effekt).

Sponsoring

Immer häufiger nutzen Unternehmen verschiedener Branchen Sponsoring als Kommunikationsinstrument. Im Sport, bei kulturellen Ereignissen sowie im ökologischen, sozialen und medialen Bereich werden gezielt Personen, Projekte, Institutionen und audiovisuelle Programme unterstützt sowie eigene Veranstaltungen initiiert, um Teilnehmer und Zuschauer mit Kommunikationsabsichten von Unternehmen zu konfrontieren. Durch Sponsorships werden Ereignisse, die im Fokus des öffentlichen Interesses stehen und folglich Resonanz in den Medien finden, in die Kommunikationsarbeit von Unternehmen einbezogen, um kommunikative Wirkungen zu erzielen.

Sprinklerstrategie

Spezifische Form der Timingstrategie zur Erschließung ausländischer Absatzmärkte (Internationales Marketing), bei der ein Unternehmen zeitlich parallel möglichst in viele Auslandsmärkte eintritt.

Gründe für diese Timingstrategie: Angleichung der Ländermärkte und Verbrauchsgewohnheiten, schnelle Amortisation von hohen Entwicklungskosten, Erzielung von Economies of Scale, Nutzung von Pioniervorteilen bei Verkürzung von Produktlebenszyklen, Etablierung von Industriestandards.

Stadtmarketing

Maßnahmen von öffentlichen Verwaltungen, Gewerbevereinigungen und Gewerbetrieben zur Profilierung einer Stadt als attraktiven Standort für Industrie, Gewerbe und Dienstleistungen, als einen Ort mit einem breiten Handels-, Freizeit- und Infrastrukturangebot, insgesamt als eine Stadt mit hoher Lebensqualität (Standortmarketing).

Bei dem engeren City Marketing wird eine unverwechselbare Profilierung der Innenstadt gegenüber den großflächigen Anbietern auf der grünen Wiese mit ihren breiten Sortimenten in SB-Warenhäusern und Fachmärkten sowie dem großzügigen Parkplatzangebot angestrebt. Citymanager sollen versuchen, die Wettbewerbsvorsprünge, die Centermanager erreicht haben, einzuholen.

Typische Maßnahmen des Stadtmarketings sind: Prospekte, Werbebroschüren, sportliche, musikalische, kulturelle, soziale (Groß-)Veranstaltungen, Schaufensterwettbewerbe, Gepäckaufbewahrungs- und Zustellservice, Kinderbetreuung, Sondertarife in öffentlichen Verkehrsmitteln und Parkhäusern, Restaurierung von Baudenkmälern, attraktive Einrichtung von Fußgänger- und Erholungszonen, Parks etc.

Subkultur

Soziale Gruppe, deren Normen, Einstellungen und Verhaltensweisen von der jeweiligen Mehrheitskultur erheblich und zum Teil konfliktär abweicht.

Subkulturen bestimmen auch entscheidend das Kauf- und Konsumverhalten. Eine typische Form von Subkulturen sind die Peer Groups.

Suchmaschinenmarketing/Search-Engine-Marketing (SEM)

1. *Begriff:* Marketingmaßnahmen, die eingesetzt werden um Einfluss auf die Wahrnehmung des eigenen Angebotes in Suchmaschinen zu nehmen. Die Reichweite von Suchmaschinen sowie die Intention der Nutzer für deren Anwendung sorgen für eine hohe Bedeutung der Suchmaschinen im Rahmen des Marketings.

2. *Merkmale:* Da nur Angebote auf hohen Positionen auch einen Nutzen für den Anbieter (meist im Sinne von hohem Traffic) bringen, sind die Maßnahmen darauf ausgerichtet, eine möglichst hohe Positionierung in den Trefferlisten bzw. auf den Trefferseiten der Suchmaschinen zu erreichen.

SEM als Überbegriff lässt sich weiter untergliedern in

a) Suchmaschinenoptimierung, die sich auf Maßnahmen konzentriert, die das eigene Angebot für den Suchmaschinenalgorithmus optimal aufbereiten. Auch wenn die genauen Algorithmen nicht bekannt sind und permanent weiterentwickelt werden, kann die Positionierung durch verschiedene Maßnahmen grundlegend unterstützt und dadurch optimiert werden.

(1) Keywords: Die Wahl der richtigen Keywords unterstützt die Zuordnung zu Begriffen und Themenbereichen.

(2) On-Page-Optimierung: der Aufbau eines perfekt suchmaschinenfreundlichen Internet-Auftritts,

(3) Off-Page-Optimierung: um Links auf die eigene Website zu generieren, die ebenfalls von Suchmaschinen interpretiert werden können und den Linkaufbau durch andere erleichtern.

b) Suchmaschinenwerbung als ein Instrument des Suchmaschinenmarketing steht für die Schaltung von bezahlter Werbung neben und/oder über den Suchergebnissen von Suchmaschinen. Beinhaltet ebenfalls das Platzieren von Werbung auf Content-Seiten, also auf fremden Websites. Alternativ auch als Search-Engine-Advertising (SEA) oder Paid Inclusions bezeichnet.

c) Weiterführende Maßnahmen wie beispielsweise Backlinks, Internet-PR-Maßnahmen.

Target Pricing

Methode der Preisfindung, bei der derjenige Preis gesucht wird, der bei einer geschätzten Absatzmenge und geschätzten Kosten zu einem Erlös führt, der gleich den Gesamtkosten plus dem gewünschten Gewinn ist.

Technologiemarketing

Ausrichtung der marktrelevanten Aktivitäten der Unternehmung an technologischen Entwicklungen einerseits sowie an ausgewählten Problemfeldern gegenwärtiger und zukünftiger Kundenpotenziale andererseits unter Einsatz planender, steuernder, koordinierender und kontrollierender (formale Seite) sowie marketingpolitischer Instrumente (materielle Seite).

Zum einen sind neue Technologien daraufhin zu untersuchen, ob bestehende Problemlösungen mit neuen Technologien billiger, qualitativ besser, umfassender oder sonstig attraktiver gelöst werden können. Zum anderen besteht die Möglichkeit, dass bisher mangels am Markt angebotener Problemlösungen noch keine Bedürfnisse bestehen, wohl aber Kundenprobleme, die mithilfe einer neuen Technologie gelöst werden können.

Tourismusmarketing

Alle ziel- und wettbewerbsorientierten Maßnahmen von Tourismusunternehmen und Tourismusorganisationen, um gegenwärtige und zukünftige Kundenpotenziale unter Einsatz planender, steuernder, koordinierender und kontrollierender (formale Seite) sowie marketingpolitischer Instrumente (materielle Seite) auszuschöpfen.

Besonderheiten des touristischen Marketing sind angebotsseitig das Werben mit immateriellen und in der Regel hochemotionalen Dienstleistungsprodukten sowie nachfrageseitig zunehmend ‚hybride' Kaufverhalten mit einer Vielzahl differenter Reisearten.

Umbrella-Effekt

In der Regel positiver Spillover-Effekt. Das gute Image bereits eingeführter Marken wird genutzt, um anderen (meist neuen) Produkten die

Marktdurchdringung zu erleichtern, indem alle Marken zu Markenfamilien zusammengefügt werden.

Unique Selling Proposition (USP)

Unique Value Proposition; einzigartiges Verkaufsversprechen bei der Positionierung einer Leistung. Der USP soll durch Herausstellen eines einzigartigen Nutzens das eigene Produkt von den Konkurrenzprodukten abheben und den Konsumenten zum Kauf anregen. Durch Marktsättigung und objektiver Austauschbarkeit der Produkte erlangt der USP zunehmend an Bedeutung.

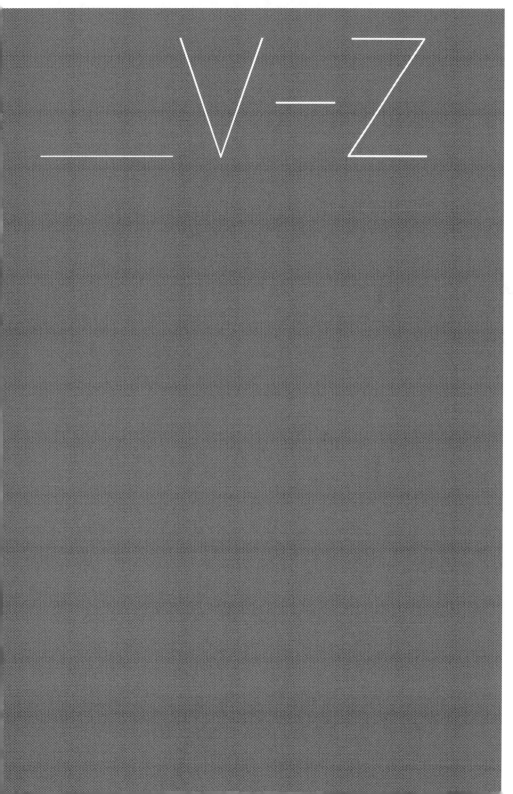

Value Added Marketing

Schaffen eines für den Kunden nachvollziehbaren und akzeptierten Mehrwerts, der über die originären Produkteigenschaften hinausgeht, um bei homogenen Konkurrenzangeboten einen Wettbewerbsvorteil zu erreichen. Als wichtigstes Instrument dazu dient der Value Added Service.

Verbrauchsgewohnheiten

Konsumgewohnheiten; Verhalten des Verbrauchers (Konsumenten) in Bezug auf ein am Markt angebotenes Erzeugnis, Gegenstand der Marktanalyse.

Die *eigentlichen* bzw. *ursprünglichen* Verbrauchsgewohnheiten sind: der besondere Verwendungszweck, die Eigenart der Handhabung bei Ge- und Verbrauch.

Daraus leiten sich die *mittelbaren* Verbrauchsgewohnheiten ab: Häufigkeit und Menge des Verbrauchs sowie die Vorliebe für bestimmte Qualitäten; diese bestimmen zusammen mit anderen Faktoren die am Markt wirksam werdenden, empirisch beobachteten Kaufgewohnheiten. Entsprechend können unterschieden werden: Convenience Goods, Shopping Goods und Speciality Goods.

Verbrauchsgüter

1. Bei *produktionsorientierter Betrachtung:* Güter, die (abgesehen von Rest- und Abfallstoffen) in andere Güter eingehen bzw. in qualitativ andere Substanzen übergehen (z.B. bei chemischen Umwandlungsprozessen) oder zum Prozessablauf beitragen (z.B. Antriebsenergie).

2. Bei *konsumorientierter Betrachtung:* Güter, die durch den Konsummarkt vernichtet werden (z.B. Nahrungsmittel).

Vertriebsorganisation

Absatzorganisation; Teilbereichsorganisation für den Teilbereich „Vertrieb" bzw. „Absatz". Die Hierarchieebene unterhalb der Vertriebs- bzw.

Absatzleitung kann z.B. nach Absatzmärkten, -kanälen oder -produkten gegliedert werden.

Zu *unterscheiden:*

(1) *Innenorganisation:* Zweckmäßige Gliederung und Zuordnung der Tätigkeiten im Unternehmen zur Steuerung und Unterstützung der Außenorganisation im Hinblick auf die Auftragserlangung.

(2) *Außenorganisation:* Alle Absatzorgane einer Unternehmung, die im direkten Vertrieb oder beim indirekten Vertrieb der akquisitorischen und physischen Distribution dienen.

Wachstumsstrategie

Ausrichtung der Marketingpolitik einer Unternehmung an einer bestimmten Produkt-/Marktkonstellation.

Nach Kombination vorliegender gegenwärtiger und neuer (zu entwickelnder) Produkte und Märkte können vier *Grundrichtungen* einer Wachstumsstrategie unterschieden werden:

(1) Strategie der *Marktdurchdringung:* verstärkter Absatz der vorliegenden Produkte auf gegenwärtigen Märkten durch Anreiz zum Mehrverbrauch, z.B. über Push-Strategie und Pull-Strategie.

(2) Strategie der *Marktentwicklung:* Absatz der gegenwärtigen Produkte auf national oder international neuen Märkten oder in neuen Verwender-/Käufergruppen (Marktsegmente); Problematik der Markteintrittsschranken.

(3) Strategie der *Produktentwicklung:* Entwicklung neuer oder verbesserter Produkte für gleiche oder komplementäre Bedürfnisse auf den vorliegenden Märkten und Marktsegmenten (Produktinnovation, Innovation, Produktdifferenzierung).

(4) Strategie der *Diversifikation:* Aufnahme neuer Produkte, die in mehr oder weniger engem Bezug zum bisherigen Verkaufsprogramm stehen, um neue Märkte/Marktsegmente zu erschließen.

Wahrnehmung

1. *Behavioristisch-verhaltenspsychologischer Wahrnehmungsbegriff:* Prozess der Informationsverarbeitung, durch den aufgenommene Umweltreize (Informationsaufnahme) entschlüsselt und gedeutet werden. In Kombination mit anderen Informationen erfolgt die Verarbeitung zu subjektiven, inneren Bildern.

Wesentliche Kriterien sind

(1) Subjektivität,

(2) Aktivität (aktiver Prozess der Informationsaufnahme und -verarbeitung) und

(3) Selektivität (zur Vermeidung von Informationsüberlastung).

2. *Dialektisch-bewusstseinspsychologischer Wahrnehmungsbegriff:* Prozess der aktiven Bewusstwerdung, wobei die Wahrnehmung als Abbildung der objektiven Realität im Bewusstsein dargestellt wird.

3. *Kognitiver Wahrnehmungsbegriff:* In der kognitiven Psychologie kein eigenständiger Begriff, sondern Teilbegriff der kognitiven Informationsverarbeitung.

Entscheidend ist die besondere Bedeutung von subjektiver Aktivität und Selektivität, da nicht das objektive Angebot, sondern die subjektive Wahrnehmung des Angebots das Verhalten der Konsumenten bestimmt. Objektive Leistungen allein reichen daher nicht aus, sie müssen erst von den Konsumenten als solche wahrgenommen werden (Aktivierung).

Wahrnehmungspsychologie

Psychologische Theorie, die die Selektion, Organisation und Beurteilung von physischen Reizen der Umwelt auf ein Individuum zu erklären versucht. Als Reiz wird jede Einheit einer bestimmten Energie bezeichnet, die auf die Sinnesorgane einwirkt; im Zusammenhang mit der Werbung handelt es sich vor allem um Werbemittel.

Wasserfallstrategie

Spezifische Form der Timingstrategie zur Erschließung ausländischer Absatzmärkte (internationales Marketing). Nach einer intensiven Analyse der Auslandsmärkte erfolgt der Markteintritt nacheinander. Für die Festlegung der Bearbeitungsreihenfolge können Kriterien wie Marktpotenziale, Verbraucherverhalten, Wettbewerbsintensität, Marktrisiken und andere herangezogen werden. Vielfach werden jene Ländermärkte zuerst erschlossen, die dem Heimatmarkt am ähnlichsten sind.

Weltmarke

Marke, die zentral und einheitlich auf den gesamten Weltmarkt ausgerichtet ist. Die regionalen bzw. örtlichen Marktgegebenheiten bleiben unberücksichtigt, da von einer zunehmenden Homogenisierung der Bedürfnisse bestimmter Zielgruppen ausgegangen wird. Die damit verbundene Standardisierung von Produktion und Marketinginstrumentarium führt zu Kostendegressionen.

Werbung

Werbung ist die Beeinflussung von verhaltensrelevanten Einstellungen mittels spezifischer Kommunikationsmittel, die über Kommunikationsmedien verbreitet werden. Werbung zählt zu den Instrumenten der Kommunikationspolitik im Marketing-Mix. Durch die kostenintensive Belegung von Werbeträgermedien ist es das auffälligste und bedeutendste Instrument der Marketingkommunikation.

Zielgruppe

Adressaten; Gesamtheit aller effektiven oder potenziellen Personen, die mit einer bestimmten Marketingaktivität angesprochen werden sollen.

Grundlage zur Zielgruppenfindung nach jeweils relevanten Merkmalen ist die Marktsegmentierung; Hauptproblem ist die zeitliche Instabilität (Dynamik).

Zur Vermeidung von Streuverlusten werden in der Mediaplanung nur die zielgruppenspezifischen Medien ausgewählt.

Arten:

(1) Soziodemographische Zielgruppe (z.b. Alter, Geschlecht, Bildung);

(2) Zielgruppe aufgrund von verhaltensorientierten Merkmalen (z.B. Intensivverwender, Erstkäufer);

(3) Zielgruppe aufgrund psychologischer Merkmale (z.b. innovationsfreudig, sicherheitsorientiert);

(4) Zielgruppe aufgrund medienorientierter Merkmale (Nutzer bestimmter Medien).

Zufriedenheit

1. *Begriff:* Zufriedenheit wird in der Konsumentenverhaltenstheorie als hypothetisches Konstrukt (Käufer- und Konsumentenverhalten) verwendet, um das Kauf- und Informationsverhalten von Konsumenten zu erklären.

Zufriedenheit wird definiert als das Ergebnis eines Vergleichs:

a) zwischen einer erwarteten und einer eingetretenen Bedürfnisbefriedigung (Bedürfnis);

b) zwischen einer erwarteten und einer tatsächlich beobachteten Eigenschaftsausprägung eines Guts;

c) zwischen einer idealen und einer tatsächlich beobachteten Eigenschaftsausprägung eines Guts.

Zufriedenheit kann sich auf gesamte Systeme (z.B. Unternehmungen) oder auf einzelne Leistungen von Organisationen beziehen.

2. *Messung:*

a) eindimensionale Messung;

b) mehrdimensionale Messung, bei der davon ausgegangen wird, dass die Zufriedenheit sich aus der gewichteten Summe einzelner Beurteilungsdimensionen zusammensetzt.

3. *Bezug zu anderen Variablen des Käuferverhaltens:* Die Zufriedenheit wird in Form eines Rückkopplungsprozesses von früheren Kaufentscheidungen

beeinflusst; sie wirkt sich auf die Markenkenntnis und damit auf zukünftige Kaufentscheidungen aus.

Zweitmarke

Form eines Markenartikels. Hersteller oder Händler setzen im Rahmen ihrer Produktpolitik neben der Hauptmarke für das gleiche Produkt weitere Marken, sogenannte Zweitmarken – meist für andere Absatzwege – ein, um zusätzliche Marktsegmente zu erschließen (z.B. über Verbrauchermärkte statt über Fachgeschäfte) und die Kapazität besser auszulasten.

zenz zum Wissen.